思想的・睿智的・獨見的

經典名著文庫

學術評議

丘為君　吳惠林　宋鎮照　林玉体　邱燮友

洪漢鼎　孫效智　秦夢群　高明士　高宣揚

張光宇　張炳陽　陳秀蓉　陳思賢　陳清秀

陳鼓應　曾永義　黃光國　黃光雄　黃昆輝

黃政傑　楊維哲　葉海煙　葉國良　廖達琪

劉滄龍　黎建球　盧美貴　薛化元　謝宗林

簡成熙　顏厥安（以姓氏筆畫排序）

策劃　楊榮川

五南圖書出版公司 印行

經典名著文庫

學術評議者簡介（依姓氏筆畫排序）

經典名著文庫045

法的形而上學原理—權利的科學

伊曼努爾・康德 著
(Immanuel Kant)
沈叔平 譯

經典永恆・名著常在

五十週年的獻禮・「經典名著文庫」出版緣起

總策劃 楊榮川

五南，五十年了。半個世紀，人生旅程的一大半，我們走過來了。不敢說有多大成就，至少沒有凋零。

五南忝爲學術出版的一員，在大專教材、學術專著、知識讀本出版已逾壹萬參仟種之後，面對著當今圖書界媚俗的追逐、淺碟化的內容以及碎片化的資訊圖景當中，我們思索著：邁向百年的未來歷程裡，我們能爲知識界、文化學術界做些什麼？在速食文化的生態下，有什麼值得讓人雋永品味的？

歷代經典・當今名著，經過時間的洗禮，千錘百鍊，流傳至今，光芒耀人；不僅使我們能領悟前人的智慧，同時也增深加廣我們思考的深度與視野。十九世紀唯意志論開創者叔本華，在其〈論閱讀和書籍〉文中指出：「對任何時代所謂的暢銷書要持謹慎的態度。」他覺得讀書應該精挑細選，把時間用來閱讀那些「古今中外的偉大人物的著作」，閱讀那些「站在人類之巔的著作及享受不朽聲譽的人們的作品」。閱讀就要「讀原著」，是他的體悟。他甚至認爲，閱讀經典原著，勝過於親炙教誨。他說：

「一個人的著作是這個人的思想菁華。所以，儘管一個人具有偉大的思想能力，但閱讀這個人的著作總會比與這個人的交往獲得更多的內容。就最重要的方面而言，閱讀這些著作的確可以取代，甚至遠遠超過與這個人的近身交往。」

爲什麼？原因正在於這些著作正是他思想的完整呈現，是他所有的思考、研究和學習的結果；而與這個人的交往卻是片斷的、支離的、隨機的。何況，想與之交談，如今時空，只能徒呼負負，空留神往而已。

三十歲就當芝加哥大學校長、四十六歲榮任名譽校長的赫欽斯（Robert M. Hutchins, 1899-1977），是力倡人文教育的大師。「教育要教眞理」，是其名言，強調「經典就是人文教育最佳的方式」。他認爲：

「西方學術思想傳遞下來的永恆學識，即那些不因時代變遷而有所減損其價值的古代經典及現代名著，乃是眞正的文化菁華所在。」

這些經典在一定程度上代表西方文明發展的軌跡，故而他爲大學擬訂了從柏拉圖的《理想國》，以至愛因斯坦的《相對論》，構成著名的「大學百本經典名著課程」。成爲大學通識教育課程的典範。

歷代經典·當今名著，超越了時空，價值永恆。五南跟業界一樣，過去已偶有引進，但都未系統化的完整舖陳。我們決心投入巨資，有計畫的系統梳選，成立「經典名著文庫」，希望收入古今中外思想性的、充滿睿智與獨見的經典、名著，包括：

- 歷經千百年的時間洗禮，依然耀明的著作。遠溯二千三百年前，亞里斯多德的《尼各馬科倫理學》、柏拉圖的《理想國》，還有奧古斯丁的《懺悔錄》。
- 聲震寰宇、澤流遐裔的著作。西方哲學不用說，東方哲學中，我國的孔孟、老莊哲學，古印度毗耶娑（Vyāsa）的《薄伽梵歌》、日本鈴木大拙的《禪與心理分析》，都不缺漏。
- 成就一家之言，獨領風騷之名著。諸如伽森狄（Pierre Gassendi）與笛卡兒論戰的《對笛卡兒沉思錄的詰難》、達爾文（Darwin）的《物種起源》、米塞斯（Mises）的《人的行爲》，以至當今印度獲得諾貝爾經濟學獎阿馬蒂亞·

森（Amartya Sen）的《貧困與饑荒》，及法國當代的哲學家及漢學家余蓮（François Jullien）的《功效論》。

梳選的書目已超過七百種，初期計劃首爲三百種。先從思想性的經典開始，漸次及於專業性的論著。「江山代有才人出，各領風騷數百年」，這是一項理想性的、永續性的巨大出版工程。不在意讀者的眾寡，只考慮它的學術價值，力求完整展現先哲思想的軌跡。雖然不符合商業經營模式的考量，但只要能爲知識界開啓一片智慧之窗，營造一座百花綻放的世界文明公園，任君遨遊、取菁吸蜜、嘉惠學子，於願足矣！

最後，要感謝學界的支持與熱心參與。擔任「學術評議」的專家，義務的提供建言；各書「導讀」的撰寫者，不計代價地導引讀者進入堂奧；而著譯者日以繼夜，伏案疾書，更是辛苦，感謝你們。也期待熱心文化傳承的智者參與耕耘，共同經營這座「世界文明公園」。如能得到廣大讀者的共鳴與滋潤，那麼經典永恆，名著常在。就不是夢想了！

二〇一七年八月一日 於

五南圖書出版公司

導讀

對康德法學的幾許反思

政治大學法學院教授　江玉林

一七八一年，康德在《純粹理性批判》（*Kritik der reinen Vernunft*）末章〈先驗方法論〉討論定義的內涵時曾提到：「法學家仍在探求法概念的定義。」[1]十六年後，也就是一七九七年，康德在《道德形上學》（*Die Metaphysik der Sitten*）第一部《法學的形上學基本原理》（*Metaphysische Anfangsgründe der Rechtslehre*）〈導論〉裡，就以「法是什麼?」（Was ist Recht?）[2]這個問題，展開他的法概念論與法學理論。

《法學的形上學基本原理》這本書，乍看起來，相當於現今法學界通行的《法學緒論》或《法學入門》。該書討論的議題非常廣泛，涵蓋法、自由、強制、衡平、緊急避難、私法（財產、物權、身分法、債法）、公法（憲法、國家法、刑法、赦免、國際法、世界公民）等等。然而，若將《法學的形上學基本原理》僅僅視爲法學的著作，那就曲解康德的原意。誠如這本書的章節結構所示，它屬於更高一層《道德形上學》的一部分。《道德形上學》除了法學之外，還有德行學（Tugendlehre）。

按照康德自己的說法，法學與德行學各自強調的重點不同，前者聚焦於外在行爲的合法性（Legalität），後者關心的是行爲內在動機的道德性（Moralität）。無論是法學與德行學，或是合法性與道德性，兩者共同撐起道德論（Sittenlehre; Lehre der Sittlichkeit）的內涵，並且都屬於實踐理性上的應然（Sollen）而皆以自由理念或自由意志爲最終根據。

康德的法概念與法學，強調要以普遍的自由法則作爲現實世界制定法律的標準。因此，自由法則就成爲判定法（Recht）與不法（Unrecht）、正當（recht）與不正當（unrecht）的判準。然而，對康德來說，即便國家制定的法律違反自由法則而判定爲不法或不正當，它依舊是法律而必須嚴格遵守。康德堅持，最高權力的權力濫用即便不可忍受（unerträglich），人民仍有服從的義務，不得起義或反抗。[3]康德的這種講法，與同時代洛克、美國獨立革命與法國大革命的抵抗權或革命權，立場涇渭分明，各有堅持。二十世紀納粹的殘暴不法經驗，促成新一波對法律與道德究竟是要分還是要合的爭辯。此一爭辯，有助於釐清康德的合法性與道德性論述在當代的意義。

當代法律與道德的論辯，通常也會提及合法性，不過大都與正當性（Legitimität）相提並論。強調法律與道德必須分開對待的觀點，傾向站在合法性的角度，認爲法律秩序是自主獨立的，法律是否有效或有無效力，端視它的制定是否合乎既定的立法程序。法律的制定，只要形式上具備或滿足立法程序的要求，就是有效的法律，所有人皆有服從它的義務。至於這個法律的內容，是否合乎某些道德價值或所謂的正義理念，並無法動搖法律的效力。如果每個人都能以自己認定的道德或正義標準，否定法律的效力而拒絕服從法律的話，不僅會破壞法律安定（Rechtssicherheit），更將導致社會失序。[4]堅持法律與道德須分離的人，大致上比較傾向於法律實證主義的立場。

認爲法律不能脫離道德的論點，則強調法律的效力不能僅靠合法性，還必須同時滿足正當性的要求。而正當性又以道德或正義爲核心內涵。法律的制定，儘管合乎立法程序而擁有合法性或形式上的效力，但若其內容違反道德或正義，它就欠缺正當性，因而也就失去法律的效力。二次戰後，無論是從自然法或法的正當性角度而對納粹不法經驗與法律實證主義的嚴厲批判，都是源於法律不能脫離道德的立場。一九四六年，德國法哲學家拉德布魯赫（Gustav Radbruch）發表著名文章〈法律上的不法與超越法律的法〉（Gesetzliches Unrecht und übergesetzliches Recht）曾提到：

> 正義與法律安定的衝突，可以透過下列方式加以解決：經由法規與權力所確立的實證法，儘管內容上是不正當與欠缺合目的性，但它仍應優先適用，除非此一實證法律與正義的矛盾，已經達到實在不可忍受的程度（ein so unerträgliches Maß），亦即，這個法律已經偏離正義而成爲不義的法……在正義根本不曾被謀求過、在制定實證法時構成正義核心的平等被有意地加以拒絕的情形下，這個法律不僅僅是不義的法，它根本就已經喪失法的本質。理由在於法以及實證法可以界定爲效力於正義的秩序與法規。根據此一判準，所有國家社會主義的法，根本欠缺有效的法之尊嚴。[5]

此一說法，後來經德國聯邦憲法法院以所謂拉德布魯赫公式加以引用，成爲判斷法律是否違憲的司法審查基準。[6]拉德布魯赫所說的正義或正當性，無論是在德國或台灣指的就是當代以人性尊嚴爲基本價值的自由民主憲政秩序。

康德在《法學的形上學基本原理》曾經雄心勃勃的期許，他基於合法性與道德性的區分以及普遍的自由法則所提出的法概念，既可以成爲決定正當與不正當的判準，也可以成爲指導制定實證法的理性基礎。然而，康德此一高舉理性啓蒙的法學旗幟，卻因爲拒絕承認人民的抵抗權，並且要求人民即使在面對無法忍受的權力濫用時仍須服從法律等保守立場，反而使得他的法概念與法學理論最終喪失批判的行動力。他在《法學的形上學基本原理》〈導論〉曾以木刻人頭雖美卻無腦的寓言，譏諷經驗法學欠缺對法與不法、正當與不正當判準的認識。這個寓言若改爲木刻人頭雖美卻無行動力，則可套用在康德法學面對不可忍受的權力濫用時所自陷的無力窘境，因爲他始終拒絕承認人民可以根據天生擁有的自由與權利，挺身而出對抗最高權力的不法統治。

儘管如此，康德法學仍然在當代擁有備極榮崇的地位，成爲現代自由民主憲政秩序價值理念的代表人物，關鍵就在人性尊嚴。有鑑於納粹迫害屠殺猶太人的殘暴不法統治，二次戰後，聯合國世界人權宣言以及德國（西德）基本法，紛紛明文表彰人性尊嚴，以維護每個人的自由與平等，避免遭受國家權力的恣意侵害。德國基本法第一條第一項開宗明義宣示：「人的尊嚴不可侵犯。尊重並保護此項尊嚴，乃一切國家權力之義務。」此一將人性尊嚴實證法化的憲政發展，促成康德道德哲學與法學的復興。

一七八五年，康德在《道德形上學基礎》（*Grundlegung zur Metaphysik der Sitten*）就已經提到尊

嚴。他曾這樣描述尊嚴所擁有的至高無上價值：

> 在目的王國中，一切東西若非擁有價格，便是擁有尊嚴。凡是具有價格的東西，就可以被另一個作爲等價物的東西所取代。反之，凡是超乎一切價格、因而不容有等價物的東西，便擁有尊嚴。凡是牽涉到普遍人類的愛好和需要的東西，都具有市場價格……但是，構成唯一能夠使某物成爲目的自身的條件者，並非僅擁有相對價值，亦即價格，而是擁有內在價值，也就是尊嚴。[7]

對康德而言，尊嚴是每一個理性的道德主體所擁有的人格特質。每一個人的人格自身就是目的自身，不容被物化爲只是滿足他人需求的工具。由此康德提出著名的目的自身令式：

> 你當如此行動，即無論在你的人格，還是在其他每個人的人格中的人性，始終同時當作目的，決不只是當作工具來使用。[8]

總而言之，在康德看來，尊嚴就是人格或人性之中擁有至高無上內在價值的目的自身，從而絕不容許將人格物化爲僅只是滿足他人需要的工具。康德在《法學的形上學基本原理》〈導論〉裡，進一步將目的自身由純然的道德理念轉化爲法律義務，要求每一個人在與他人的人際互動裡，「不要使自己成爲只是他人的工具，而必須在面對他人時同時把自己當作目的」。[9]換言之，就是要把人當作目的來對待、要總是把人當人看，而不能把人物化爲僅只是滿足他人需求的工具！[10]

康德透過目的自身闡明尊嚴內涵的構想，就是二次戰後德國聯邦憲法法院以所謂客體公式解釋基本法人性尊嚴概念的理念原型。按照德國聯邦憲法法院的說法，一旦個人經貶抑或物化爲僅只是國家權力或法律的客體，人性尊嚴就已遭受侵害。[11]台灣司法院大法官在歷次的憲法解釋裡，積極引介人性尊嚴理念，在釋字第六〇三號更明白宣言：「維護人性尊嚴與尊重人格自由發展，乃自由民主憲政秩序之核心價值」。既然台灣大法官如此重視人性尊嚴，那麼人性尊嚴究竟擁有哪些意涵？又將如何具體落實？[12]要釐清這些課題，同屬自由民主憲政秩序的德國聯邦憲法法院根據客體公式對人性尊嚴所做的解釋，還有康德藉由目的自身乃至自由理念對人性尊嚴內涵的闡明，都是值得借鏡之處。而這也是康德法學爲什麼值得當代再次閱讀與反思的理由所在。

◆註釋◆

[1] Kant, Werkausgabe in 12 Bänden-IV: Kritik der reinen Vernunft 2, Wilhelm Weischedel (Hrsg.), Suhrkamp, 11. Aufl., 1991, S. 625.

[2] Kant, Werkausgabe in 12 Bänden-VIII: Die Metaphysik der Sitten, Wilhelm Weischedel (Hrsg.), Suhrkamp, 9. Aufl., 1991, S. 336. 另參閱本書，頁四九、六三。

[3] Kant, Die Metaphysik der Sitten, S. 438-441, 498. 另參閱本書，頁一五九－一六三、二三四。

[4] 參閱古斯塔夫．拉德布魯赫，王怡蘋、林宏濤譯，《法學導論》，商周，二〇〇〇年，頁四五－四六。

[5] Gustav Radbruch, Gesamtausgabe Bd. 3: Rechtsphilosophie III, Arthur Kaufmann (Hrsg.), 1990, S. 89.

[6] 參閱德國聯邦憲法法院，吳志光譯，〈「邊界圍牆守衛案」裁定〉，載：司法院大法官書記處編輯，《德國聯邦憲法法院裁判選輯》（九），司法院，二〇〇〇年，頁四四－四六。

[7] Kant, Werkausgabe in 12 Bänden-VII: Grundlegung zur Metaphysik der Sitten, Wilhelm Weischedel (Hrsg.), Suhrkamp, 11. Aufl., 1991, S. 68. 另參閱康德，李明輝譯，《道德底形上學之基礎》，聯經，一九九〇年，頁六〇。

[8] Kant, Grundlegung zur Metaphysik der Sitten, S. 61. 另參閱康德，李明輝譯，《道德底形上學之基礎》，頁五三。

[9] Kant, Die Metaphysik der Sitten, S. 344. 另參閱本書，頁五八；康德，李明輝譯注，《道德底形上學》，聯經，二〇一五年，頁五三。

[10] 對尊嚴或目的自身應用的進一步闡明，參閱江玉林，〈康德《法學的形上學基本原理》導讀—與當代法學的對話〉，《台灣法學雜誌》，一九五期，二〇一二年，頁五六－五七。

[11] 參閱德國聯邦憲法法院，吳志光譯，〈「大監聽與個人隱私案」判決〉，載：司法院大法官書記處編輯，《德國聯邦憲法法院裁判選輯》（十二），司法院，二〇〇六年，頁二二四－二二五；Michael Kloepfer，李震山譯，〈人的生命與尊嚴〉，載：Peter Badura, Horst Dreier主編，蘇永欽等譯注，《德國聯邦憲法法院五十週年紀念論文集》（下），聯經，二〇一〇年，頁一〇四。

【12】參閱江玉林，〈人性尊嚴的移植與混生—台灣憲政秩序的價值格局〉，《月旦法學雜誌》，一五五期，二〇一六年，頁六四—七四。

譯者的話

康德（Kant）法學理論的主要著作是一七九七年出版的《道德形而上學》上冊《法的形而上學原理》。康德在此書中闡述了他的法學思想。他的法學思想淵源，主要來自羅馬法和法國啓蒙思想家，特別是盧梭（Rousseau）和孟德斯鳩（Montesquieu）。康德的法學理論有鮮明的代表性，代表了傳統西方法學中的一些重要觀點。

西方的法學，自柏拉圖（Plato）起到康德乃至今天，若用粗線條來描述其主流的話，可以說就是從人出發，從人性出發，探討公民的自由和權利，從而論述法律的實質、作用以及其他屬性。康德也是沿著這根軸線來展開他的法學思想。

康德一生的研究活動，經歷了幾個階段。在晚年，尤其是在法國大革命之後，對倫理、美學、社會、法律、政治及和平等問題傾注了極大的注意力。他以其天才的哲學思辨力論述了這一系列的問題。他的法學理論最重要之點，是爲自由主義法學思想提出一套哲學的論證。

康德的法學理論，概括起來就是尊重人。因爲只有人才有自由意志，才有與生俱來的天賦權利——自由。由於人是理性的動物，又有選擇自己行爲準則的能力，所以，人必須對自己所選擇的行爲負責。人，爲了自己的自由，必須尊重他人的自由，務必使得自己的自由與他人的自由能並行不悖。孟德斯鳩對此觀點早就有論述，但是，康德由此出發，提出法律就是依照這一最高原則，由立法機關制定一整套明文法規，法律的最終目的是維護公民，也可以說是維護人的自由以及由此而派生的其他一切權利。康德旗幟鮮明地提出，文明社會就是由法律來規範人們外在行爲的社會，文明社會是有公民憲法、有法治的共和政體。所以，他反對教權，反對封建貴族特權。

他不但論證一個民族必須建立法治的社會來保證個人的權利，而且從全世界範圍來說，各民族也要建立一種法律秩序（他稱之爲國際法和世界法）來保證各民族的權利，並向人類的永久和平接近。

當然，康德的法學理論也必然有其時代的烙印，有其局限性，比如，他堅決反對公開處死查理一世（Charles I）和路易十六（Louis XVI）；不許人民懷疑現存最高統治權力從何而來；不許人民武裝反抗違背人民利益的現政權等等。

在華人社會，對康德的法學思想尚缺深入、系統的研究。我們要逐步健全社會主義的法制，也有必要了解西方的文明並吸取他們的長處。所以翻譯出版這本書，可以提供給法學界一份具有參考價值的資料。

《法的形而上學原理》一書，包含著大量的康德的先驗哲學思想，各國譯者根據自己對此書的領會而譯，自然不免有大同小異之處。再者，德語的「Recht」一詞有法、權利、正義等含義，所以，一百多年來，就英譯本而言，他的《法的形而上學原理》便有幾種不同的譯法。

一八八七年，黑斯蒂（Hastie）把此書譯爲《權利的科學》（*The Science of Right*）；一九六五年，J．拉迪（John Ladd）譯爲《正義的形而上學原理》（*The Metaphysical Elements of Justice*），還有人譯爲《法律哲學》（*The Philosophy of Law*）等等。

英譯本中，以黑斯蒂的譯本最受重視。例如，由芝加哥大學最初編纂出版的《西方名著大全》（*Great Books of the Western World*）（一九八〇年已出到第二十三版）其第四十二冊內收集的就是黑斯蒂的譯本。一九七一年，莫里斯（Morris）編的《偉大的法哲學家》（*The Great Legal Philosophers*）所摘錄的也是他的譯本。

此中譯本，譯者曾在一九八二年按莫里斯的摘錄本譯出，並已收入《西方法律思想史資料選編》中（北京大學出版社一九八三年版）。爲了對康德的法學原理有較完整的認識，譯者在《西方名著大全》中找到此書，又全文譯出，並對已收入上述《選編》的譯文作了修正。

爲了盡可能不失康德原意，譯者請國際關係學院德語教師，第一位從聯邦德國取得博士學位回國的林榮遠先生，按德文原著對本譯文作了仔細校訂。他所用的德文本爲*Königsberg: bey Friedrich Nicolovius*，一七九八年版，他還把康德爲此書寫的附錄譯出。根據德文原著校訂的情況來看，黑斯蒂的英譯文很準確地表達了原著的內容，此外，黑斯蒂添加了一些小標題，並按內容的連貫性把一些分段的地方連接起來。英譯本用斜體字印刷以示重要的地方也少於德文本。

康德的哲學思想比較深奧，加之德語與英語之間有一定差異，有些重要的範疇術語又是多義的，這些都增加了中譯本工作的難度。所以，不當之處在所難免，衷心期待讀者賜教。

沈叔平

一九八八年八月八日

序言[1]

爲《道德形而上學》上卷「正義的哲學原理」而寫[2]

根據計畫，寫完《實踐理性批判》（*Critique of Practical Reason*）之後，另寫一體系：《道德形而上學》。《道德形而上學》分爲兩部分：「正義的哲學原理」和「善德的哲學原理」（也可以把它們看作是已出版的《自然科學的哲學原理》（一七八六年）的姐妹篇），下面的序言預計敘述並闡明道德形而上學這個體系的形式。[3]

作爲道德理論第一部分的「正義的理論」，是我們從理性引申出來的一個體系。這個體系也可以稱之爲「正義的形而上學」。因爲，正義的概念既是一個純粹的概念，同時又是考慮到實踐（就是把這種概念運用到在經驗裡所遇到的具體事例）而提出的概念。結果是，當把這個詞的諸多概念再分成細目時，正義的哲學體系就必然會考慮到經驗中事物的多樣性和差異性，以便使這些細目達到完整（要求細目劃分完整是建立一個理性體系必不可少的條件）。但是，在劃分經驗（指經驗的諸概念）的細目時，完整性卻是不可能做到的，每當企圖這樣做時（或者，哪怕企圖去接近這個完整），由於這些概念並不是構成此體系必不可少的組成部分，其結果就變成只是用舉例的方式起到注釋的作用而已。因此，道德理論第一部分的唯一恰當的名稱是「正義的哲學原理」。[4] 如果我們考慮到引用經驗的事例，我們所能盼望獲得的，僅僅是一種近乎體系的東西而不是體系本身。因此，在《自然科學的哲學原理》中使用過的說明式的論述方法，也將在這裡使用。本書的正文將討論正義（公正）[5]並把它作為這個先驗體系的大綱，本書的解釋部分將討論那些來源於經驗的、涉及具體事例的權利[6]問題，有時候篇幅很長，如果不採取這種辦法，那麼，關於哲學原理部分和那些關於法律的經驗實踐部分，就難以區分清楚。

我們經常受到責備，說我的文章盡是晦澀難懂的道理，我也確實被指責有意故弄玄虛，把文章寫得含糊難懂，為的是使別人覺得文章的內容十分深奧。要想預防排除這種指責，沒有比接受一位眞正的哲學家哈利·卡夫[7]給所有的哲學作者所規定的、義不容辭的義務有更好的辦法了。可是，在接受這種義務時，我把它限定在一定的範圍內，即必須根據這門學科的性質來寫，並且要使得這門學科能夠獲得改進和擴展。

上面提到的那位明智的人物，在他的《雜文集》（*Vermischte Schriften*）中（第三五二頁等）很正確地要求，如果一位理論家希望他的文章不被指責寫得晦澀難懂的話，任何哲學理論都要寫得大眾化（即把文章寫得能被一般大眾所領會）。我很贊同這個要求，但有一個例外，那就是不包括對理性本身能力的批判的體系，以及依據這個體系來決定的一切問題。我的理由是，在我們的認識中，可感覺的和超感覺的知識的區別，仍然受到理性能力影響。這一體系永遠不可能被每個人所理解。正如形式的形而上學[8]也無法做到大眾化一樣，雖然可以把它寫得比較簡明些。可是，想把主題寫得大眾化（使用大眾的語言）是不可想像的；相反地，我們卻要堅持使用學術性的精確語言（因為這是在學校裡使用的語言），儘管這種語言被認為過分煩瑣。但是，只有使用這種語言才能把過於草率的道理表達出來，讓人能夠明白其原意而不至於被認爲是一些教條式的專斷意見。

可是，當學究們敢於對一般公眾（在講臺上或在通俗讀物中）使用那些僅僅是在學校裡才適用的專門詞彙時，一位主張批判性的哲學家所受到的指責，不應該多於一位被一些愚蠢的人指責爲是在文字上吹毛求疵的語言學家。應該受譏笑的是他這個人而不是這門學科。

此外，那些尚未放棄古老體系的人，一聽到別人用貶低的口吻說「在出現批判哲學之前就不存在哲學」，就覺得說這些話的人很傲慢和主觀。我們在判斷這種顯而易見是狂妄專橫的推斷之前，首先要問：眞的有可能存在多種哲學而不只是單一種哲學嗎？[9]當然，事實上存在多種的哲學論述方式，以及透過多種方式去追溯最早的理性原則，隨之或多或少成功地去建立一個體系的基礎。這不僅僅存在過，而且必定有過許多這樣的嘗試，而每一種嘗試都對當代哲學做出過有益的貢獻。不過，從客觀的角度看，既然只有一種人類的理性，就不會有多種的哲學，這就是說，不論看來如何多種多樣，甚至自相矛盾，人們可以各自對同一個命題作哲學的闡述，但是，按照原則建立的哲學體系卻只能有一種。所以，道德家說得很正確，只有一種善德以及只有一種善德的理論，那就是只有一個體系，它通過一條原則把所有善德義務都概括起來了。化學家拉瓦節（Antoine-Laurent de Lavoisier, 1743-1794）說：「化學只有一個體系。」同樣，病理學家約翰・布朗（John Brown, 1735-1788）說：「疾病分類的體系只有一個原則。」雖然事實上新的體系取代所有其他的體系，但是這並不減損前人（道德家、化學家和病理學家）的功績，因爲，如果沒有他們的發現，甚至是他們失敗的嘗試，我們就無法在一個體系裡取得整個哲學的眞正原理的統一。

所以，每當某人宣稱某個哲學體系是他自己創造的時候，實際上他是說，在他之前不存在任何其他的哲學。因爲，如果他承認另有一種而且是眞正的哲學，那他必須承認對同樣事物存在兩種不同的哲學，這就自相矛盾了。因此，當批判的哲學家聲言：這是一種哲學，在它之前絕對沒有什麼哲學。這位批判的哲學家所做的事情，與任何一個根據自己的計畫去建立一種哲學的人所做的或將要做的，或必須要做的事情沒有什麼不同。

有人責備這種哲學其主要的和與眾不同的部分，並非來自它自身內在的發展，而是從別的哲學（或數學）獲得的。這雖然沒有多大意思，但也並非毫不重要。例子之一是，我看到《圖賓根》（*Tobingen*）雜誌一位評論員宣稱，《純粹理性批判》的作者把關於哲學的定義作爲他本人的、並非無足輕重的貢獻，而下這個定義時所用的詞語，和許多年以前的豪森（Christian August Hausen）[10]所說的話，實際上是一樣的。[11]我讓讀者自己去判斷，「知識界對某一問題的解釋」這句話是否表示：「在一個先驗的直覺中，一個特定概念的表述」的意思，雖然這種哲學與數學有明顯的根本區別。我深信豪森本人會拒絕接受別人對他的話所作的這種解釋。的確，一個先驗的直覺（空間就是這樣一種直覺）的可能性（如沃爾夫（Christian Wolff）[12]所說），不能和那些在經驗直觀中，由於對象外表彼此不同而產生的多樣性相提並論。所有這一切，將會使他感到震驚，當他一想到去思考這樣的問題時，他就會陷入一個非常廣泛的哲學探究之中。所謂「表述，（可以這樣說）就是由理解來完成的」。這位聰明的數學家說的這句話，其簡單意思就是：（在經驗中），按照某一概念畫一條線時，我們要注意的僅僅是畫線的規則（線條是通過這種規則分析出來的），而不去考慮和撇開那些在畫一條完整無缺的線條時不可避免會出現的偏差。他的意思很容易被理解，如果我們聯想到在幾何學中，按同樣規則畫出來的形體的結構，它們便會被認爲彼此都是相同的。

從批判的哲學觀點看，最沒有意義的是這種哲學的仿效者所製造的災難，他們不恰當地使用《純粹理性批判》中的專門詞句。這本書使用的詞句是極不容易用其他通行的詞句代替的，可是，不應該在這種哲學內容之外，在公眾場合中使用這些詞句來交流意見。這種災難確實應該得到糾正。如同尼古拉先生（Christoph Friedrich Nicolai）[13]所做的那樣，雖然他避免聲明：「這些詞句的含義，甚至在它們合適的領域內也可以完全不用」，好像到處使用這些詞句，就能以此來掩蓋思想上的貧乏。當然，一個不知名的學究比一個沒有批判能力、知識不多的人更加令人覺得可笑。（事實上，一個數學家，如果堅持他自己的體系而不轉向批判的體系，就會成爲後一種人，雖然他有意不去注意那些他不能容忍的理由，因爲它們不是他的舊學說的一部分。）但是，像沙夫茨伯里（Shaftesbury, 1671-1713）所說，假如一塊專門用來檢驗一種理論（特別是一種首先涉及到實踐的理論）眞假的試金石（它是不應被忽視的），它之所以被保存下來是爲了讓人嘲笑，那麼，批判哲學家也會輪到有這麼一天，但他將是最後笑的人，而且笑得最好。到那時，他將看見人們長期加以誇大的那些體系，像紙牌搭的房子一樣，一個接一個倒塌了——這些體系的信徒們，將會發現他們誤入歧途，這是等待著它們的不可避免的命運。

在這本書的最後部分，我已經寫的幾節，與前面比較起來，可能不像人們希望的那麼詳細。這樣寫的原因，一部分是由於我認爲它們似乎是比較易於從前面的論述中推斷出來的問題，另外，後面這部分的主題（涉及公法）現在正爲人們熱烈討論，它又那麼重要，所以有充分的理由推遲對它們作任何帶結論性的表態。

我希望能很快地將《善德的哲學原理》（*The Doctrine of Virtue*）寫出來。[14]

◆註釋◆

【1】這篇「序言」沒有收入《西方名著大全》。現在根據拉迪的譯本譯出。《*The Metaphysical Elements of Justice*》，一九六五年New York, Bobbs-Merill Co. Inc版，J．拉迪譯，有的地方和黑斯蒂的譯法有些出入。另外，正義（justice）一詞，一般說來，譯作公正比較妥當。在這裡，按照通常習慣，仍譯為正義。——譯者

【2】德文版無此副標題。——譯者

【3】按德文版，後三本書的譯名應為：《法的形而上學原理》、《道德的形而上學原理》和《自然科學的形而上學原理》。——譯者

【4】由於德文「Recht（法）」一詞有權利和公正的含義，所以，「公正的哲學原理」也可以譯成「法律哲學」或「法哲學」。——譯者

【5】這就是康德所說的「法」，不過，（英譯者）J．拉迪把它譯為「正義」，而康德本人也認為譯為「法哲學」最合適。——譯者

【6】也就是康德所談的「法」。——譯者

【7】哈利．卡夫是德國萊比錫大學的哲學教授（一七四二—一七九八）。——J．拉迪註

【8】自從亞里斯多德提出形式和質料兩個概念（或範疇）以來，「形式」往往指原則或原理的意思。康德在這裡說的「形式的形而上學」，可以理解為純粹講哲學原理的哲學。——譯者

【9】在德文版此處有重點符號。——譯者

【10】豪森（一六九三—一七四三），萊比錫大學數學教授。在其《數學原理》（*Elementa Matheseos*）（一七四三）的第一部分第八十六頁中寫道：「此外，在這裡要注意的不是真實的結構，因為可以感覺的形體不可能因為有了一條定義就會精確：再說，那種尋求是什麼東西產生這個形體形式的知識，可以說是一種智力的表現。」——J．拉迪註

【11】德文版有一段拉丁文註釋和德文譯文如下：「此外，這裡並不追求真實的表達，因為感覺的形象不能按照嚴格的定義構成，而是在探索一種認識，藉以產生那種等於用理智表述的形象。」（豪森：《數學原理》一七四三

年版第一部分第八十六頁。）——譯者

【12】見沃爾夫（一六七四—一七五四）著：《本體論》（*Ontologia*）第五八八節。——J．拉迪註

【13】尼古拉（一七三三—一八一一），是德國的一位作家和書商，屬於自稱為「大眾哲學家」那夥的成員。他瘋狂地反對康德、歌德等人的觀點。他故意引用康德的詞句來挖苦康德。——J．拉迪註

【14】一七九七年第二版中刪去了這一句。《道德形而上學》下卷也在一七九七年出版。——J．拉迪註

目次

導讀——對康德法學的幾許反思……9
譯者的話……17
序言——為《道德形而上學》上卷「正義的哲學原理」而寫……21

《道德形而上學》總導言

道德形而上學總分類……39
道德形而上學總導言……47

權利科學

權利科學導言……75
一般的定義與分類
一、什麼是權利科學？……77

二、什麼是權利？ 77
三、權利的普遍原則 79
四、權利是與資格相結合的或者與強制的權威相結合的 80
五、嚴格的權利也可以表示爲這樣一種可能性：根據普遍法則，普遍的相互的強制，能夠與所有人的自由相協調 81
六、對那不確定的權利的補充說明 83

權利科學的分類
一、權利的義務（法律的義務）的一般劃分 86
二、權利的一般劃分 87
三、劃分權利科學的順序 90

第一部分　私人權利（私法） **93**

那些不需要向外公布的法律體系
論一般外在的「我的和你的」的原則
第一章　論任何外在物作爲自己所有物的方式
1. 從權利上看「我的」的含義 95
2. 實踐理性的法律公設 96

3. 占有和所有權……97
4. 外在的「我的和你的」的概念的說明……98
5. 外在的「我的和你的」的概念的定義……99
6. 純粹地在法律上占有一個外在對象的概念的演繹（占有的本質）……101
7. 外在的「我的和你的」可能性原則在經驗對象中的運用……104
8. 要使外在物成爲自己的，只有在法律的狀態中或文明的社會中，有了公共立法機關制定的法規才可能……108
9. 在自然狀態中也可能有外在的「我的和你的」的事實，但只是暫時的……109

第二章 獲得外在物的方式

10. 外在獲得的一般原則……111

外在的「我的和你的」獲得的主體分類

第一節 物權的原則……114

11. 什麼是物權？……114
12. 第一種獲得物只能是土地……116
13. 每一部分土地可以原始地被獲得，這種獲得的可能性的依據，就是全部土地的原始共有性……116
14. 這種原始獲得的法律行爲是占據……117

15. 只有在一個文明的社會組織中，一物才能夠被絕對地獲得，而在自然狀態中，獲得只是暫時的 118
16. 最初獲得土地的概念的說明 122
17. 原始的最初獲得概念的推論 123

財產

第二節 對人權的原則 127
18. 對人權（或人身權）的性質與獲得 127
19. 通過契約的獲得 128
20. 通過契約獲得的是什麼 130
21. 接受和交付 131

第三節 「有物權性質的對人權」的原則 133
22. 「有物權性質的對人權」的性質 133
23. 在家庭中所獲得的是什麼 134

家屬在一個家庭社會中的權利

第一標題 婚姻的權利（夫與妻） 134
24. 婚姻的自然基礎 134
25. 婚姻的理性權利 135

26. 一夫一妻制與婚姻的平等 …… 135
27. 婚姻契約的完成 …… 137
第二標題 父母的權利（父母與子女） …… 137
28. 父母與子女的關係 …… 137
29. 父母的權利 …… 139
第三標題 家庭成員的權利（主人與僕人） …… 140
30. 一家之主的關係與權利 …… 140
一切可以由契約獲得的權利在體系上的劃分
31. 契約的分類：貨幣和書籍的法律概念 …… 143
用貨幣和書籍的概念來說明契約的關係 …… 146
(1) 什麼是貨幣？ …… 146
(2) 什麼是書籍？ …… 149
未經授權而出版書籍是違背權利原則的，應該依法禁止 …… 150
對人權和物權的混淆 …… 151
意志的外在對象的理想獲得 …… 152
32. 理想獲得的性質與模式 …… 152
33. (1) 憑時效的獲得 …… 153
34. (2) 憑繼承的獲得 …… 155

35. (3) 一位好名聲的人死後繼續存在的權利 …… 156
第三章 由一個公共審判機關判決書中所規定的獲得
36. 依照公共法庭的原則，什麼是主觀規定的獲得？如何規定？ …… 159
37. (1) 捐贈契約 …… 160
38. (2) 借貸契約 …… 161
39. (3) 再取得失物的權利 …… 163
40. (4) 來自誓言保證的獲得 …… 166
從自然狀態的「我的和你的」過渡到一般法律狀態的「我的和你的」 …… 169
41. 公共正義（公正）與自然狀態及文明狀態的關係 …… 169
42. 公共權利的公設 …… 170
第二部分 公共權利（公法）
那些需要公布的法律體系在文明社會中權利的原則
43. 公共權利的定義與分類 …… 177
一、國家的權利和憲法 …… 178
44. 文明結合體和公共權利的起源 …… 178
45. 國家的形式和它的三種權力 …… 180

46. 立法權和國家的成員 180
47. 國家的領袖人物和原始契約 183
48. 三種權力的相互關係和特性 183
49. 三種權力的不同職能。國家的自主權 184
由文明聯合體的性質所產生的憲法和法律的後果 186
(1) 最高權力的權利；叛國；廢黜；革命；改革 186
(2) 土地權。世俗的和教會的土地。徵稅權；財政；警察；檢查 193
(3) 對窮人的救濟。建立慈善收容院。教堂 196
(4) 在國內委派官吏權和授予榮譽的權利 199
(5) 懲罰和赦免的權利 202
50. 公民和他的祖國及和其他國家的法律關係；移居（他國）；僑居；流放；放逐 210
51. 國家的三種形式：一人主政政體；貴族政體；民主政體 211
52. 歷史的淵源和變遷。純粹的共和國。代議制政府 213
二、民族權利和國際法 216
53. 民族權利的性質和分類 216
54. 民族權利的原理 217
55. 要求本國臣民去進行戰爭的權利 218

56. 向敵對國家宣戰的權利……220
57. 戰爭期間的權利……221
58. 戰後的權利……222
59. 和平的權利……223
60. 反對一個不公正的敵人的權利……224
61. 永久和平與一個永久性的民族聯合大會……225
三、人類的普遍權利（世界法）……226
62. 世界公民權利的性質和條件……226
結論……228

附錄

關於法（學）的形而上學原理的若干說明……235
康德生平與著作年表……257
中英對照表……265

◆註釋◆

[1] 德文版中沒有「目錄」字眼。——譯者

《道德形而上學》總導言[1]

道德形而上學總分類

一般作爲義務體系的[2]道德形而上學分類

（一）一切義務，或者是權利的義務，即法律上的義務；或者是善德的義務，即倫理上的義務。法律義務是指那些由外在立法機關可能規定的義務；倫理義務是上述立法機關所不可能規定的義務。後者爲什麼不能作爲外部立法機關的對象，那是因爲它們牽連到一個目的或者最後的目標，這個目的本身同時包含在這些義務之中，於是，對每個個人來說，對此目的負有義務。但是，任何外部立法，無法使得任何人去接受一種特定的意圖，或者，能夠決定他去追求某種宗旨，因爲這種決定或追求取決於一種內在的條件或他心靈自身的活動。可是，那些導致這種內心條件的外部行爲是可以被控制的，但這並不意味個人必須把這些外部行爲作爲自己的一個目的。

人們會問，既然義務和權利是彼此對應而存在的，爲什麼道德的科學，或道德哲學，通常被稱爲——特別是西塞羅（Marcus Tullius Cicero）——義務的科學而不稱之爲權利的科學？其理由是：我們唯有通過道德命令（它是義務的直接指令）才認識我們自己的自由——由於我們是自由的，才產生一切道德法則和因此而來的一切權利和義務；而權利的概念，作爲把責任加於其他人的一種根據，則是後來從這種命令發展而來的。

（二）在義務的學說中，一個人可以並應該根據他的自由能力的性質來表述，而這種性質完全是超感覺的。因此，他將要純粹根據他作爲一種人格的人性（人的本質）來表述；這樣表述的人，獨立於受身體條件限制的人，有別於同一個、然而受那些身體條件限制的那個人（人的現象）。因此，權利和目的的概念，當涉及義務時，根據這種雙重性質，可以提出下面的分類：

一、道德形而上學的分類（根據義務法則的客觀關係）

此分類請參見下方表一所示。

二、道德形而上學分類（根據責任諸關係）[4]

由於主體（他們之間的關係被理解爲權利與義務的關係——不論這種關係是否眞的存在）容許用彼此間各種法律關係來加以表述，根據這個觀點，可以提出另一種分類法：

I. 法律義務	對本人或對他人	(1) 人性的權利 在我們自身的（對待自己的法律義務） (2) 人類的權利 在他人的（對待他人的法律義務）	完全的義務
II. 倫理義務	對本人或對他人	(3) 人性的目的 在我們自身的（對待自己的倫理義務） (4) 人類的目的 在他人的（對待他人的倫理義務）	不完全的義務

表一

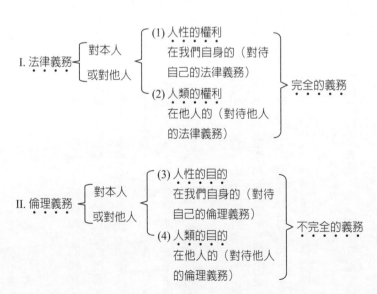

根據誰提出這個責任，以及誰受此責任約束的主觀關係可能作的分類。

㈠ 對那些既無權利，又無義務的人的法律關係：空缺。

沒有這種關係，因爲這些人是沒有理性的，他們既不能加責任於我們，我們也不受他們提出的責任所約束。

㈡ 對那些既有權利，又有義務的人的法律關係：有效。

有這樣一種關係，因爲這是人對人的關係。

㈢ 對那些只有義務而無權利的人的法律關係：空缺。

沒有這種關係，若有這種人必然是沒有法律人格的人，如同帶上鐐銬的奴隸。

㈣ 對一個只有權利而無義務的人的法律關係（上帝）：空缺。

這種關係僅存於哲學中，因爲這樣一種存在（上帝）是不能由經驗認識的對象。

在上述諸例中只有第㈡類是一種眞正的權利和義務的關係。爲什麼在第㈣類找不到這種關係，因爲它會構成一種超越經驗的義務，也就是，找不到一個相應的能夠承擔並提出責任的客觀存在的、有能力的主體。所以，根據理論的觀點來看，這種關係，在這裡僅僅是理想的關係。也就是我們爲我們自己設想的、一種思想上的對象。但是，這個對象的概念並不是完全沒有內容的。相反地，它對我們以及對我們內心的道德準則是一種很有作用的概念，因此，一般說來，它是與實踐有關的概念。正是在這種純屬理想的關係中，一切複雜的義務以及對我們說來是行得通的義務才能夠成立。

三、道德形而上學分類（一般作為義務的體系）

根據這個體系組成的原則和方法，請參見下方表二。

- ㈠原　則
  - (1) 權利的義務
    - ①私人權利
    - ②公共權利[5]
  - (2) 善德的義務等等。還有其他，還包括一切，如果形而上學基本原理的研究，已經澈底地探索出構成那整體的諸普遍原則，這一切不但包括質料，還包括一種科學的道德系統的構建形式。
- ㈡方　法
  - (1) 教誨式的
  - (2) 苦行節欲式的

表二

◆ 註釋 ◆

[1] 從這裡開始，都是按照黑斯蒂的英譯文（*The Science of Right*）譯的。——譯者

[2] 德文版無「作為義務體系的」這幾個字。——譯者

[3] 在德文版，此標題為：根據法則與義務的客觀關係發展。——譯者

[4] 德文版無此標題，僅有序數詞「二」。——譯者

[5] 康德深受羅馬法影響，他所說的私人權利和公共權利又可譯為私法和公法。——譯者

道德形而上學總導言

人類心靈能力與道德法則的關係

人類心靈中活躍的能力（作爲願望的最廣義的能力）是一個人具有的，透過他的心理表述出來的能夠把外界對象的根據[1]和這些表述取得一致的能力。一個人能夠按照自己的表述去行動的能力，就構成這個人的生命。

首先，我們觀察到，渴望或厭惡通常都與快樂或痛苦相聯繫，對快樂或痛苦的感受稱爲感觸。可是，反過來卻並不總是如此，因爲可能有一種快樂和一個渴望的對象並無關係，而僅僅與一種心理的表述有關，不管是否存在和這種表述相應的對象。其次，與渴望對象有聯繫的快樂或痛苦，並不都是發生在願望的活動之前；也不能在任何情況下都把它看成根據，它也許不過是這種渴望活動的結果。那種對一種心理表述感受到快樂或痛苦的能力，叫做「感觸」，因爲快樂或痛苦僅僅包括在我們心理活動的諸關係中**主觀**的東西。這些關係不包括任何對一個可能提供知識對象本身的關係，它們甚至不能對我們自己的心理狀態給以任何知識。因爲，甚至諸感覺，[2]且不考慮感知者賦予它們的種種修改過的性質（例如，對紅和甜這一類性質等等），都是指構成有關對象的認識的因素，儘管快樂或痛苦的感覺與甜或紅有關，但與該客觀對象本身所表達的內容根本無關，而僅僅與感知者有關而已。根據上述道理，從快樂和感覺本身來考慮，不能獲得更爲準確的解釋。對快樂與痛苦進一步所能做的所有事情，僅僅是指出在某些關係中，它們可能具有的結果，以便在實踐中可以獲得對它們的認識。

當那種被渴望的對象的表述影響到感觸能力時，那種必須與渴望活動發生聯繫的快樂，可以稱爲實踐的快樂，無論這種快樂是此渴望的原因還是結果，對這個名稱都適用。另一方面，如果某種快樂並不是必然地與渴望的一個對象相聯繫，那麼，這就不是一種由於該對象的存在而產生的快樂，而僅僅是附加在心理表述中的一個單獨的東西。這種快樂可稱爲「不活躍的滿足」或僅僅是冥想的快樂。後一類快樂和感觸就稱爲情趣。因此，在實踐哲學體系中，冥想情趣的快樂，不作爲一個基本的構成概念加以討論，而只是偶然地或附帶地提到它。至於實踐的快樂，則是另一種情況。因爲由渴望的或本能欲望的能力活動，其所做出的決定，必須先有此種快樂作爲它的根據，正是這種決定恰當地構成嚴格意義上的渴望一詞。此外，習以爲常的渴望，構成愛好；當根據理解來判斷，即依照普通規則來判斷快樂與渴望活動的聯繫至少對個人是有效時，那麼，這種聯繫就稱爲興趣。因此，在這種情況下，實踐的快樂就是個人愛好的一種興趣。反之，如果這種快樂只能產生於渴望能力的決定之後，它就是一種精神的快樂，而對這個對象的興趣，必須稱之爲理性的興趣。假如興趣是感官方面的，並不僅僅建立在純粹理性原則的基礎之上，那麼，感覺就必然與快樂相結合，從而可能決定渴望的活動。在必然假定有一種完全屬於純粹理性的興趣的地方，偷偷摸摸地引進一種愛好方面的興趣，這是不正常的。但是，爲了維持術語的普遍性，我們可以允許使用「愛好」一詞來表達那個即使僅僅屬於「精神」上的快樂的對象之愛好，這指的是產生於純粹理性興趣的一種習以爲常的渴望。然而，這樣的愛好不應該被看作是理性興趣的根據，而應把它看作是理性興趣的結果，我們可以稱它爲非感性的或理性的愛好。此外，要把欲念和渴望自身的活動區分開，要把欲念作爲決定渴望和活動的一種刺激或激勵。欲念經常處於一種敏感的心理狀態，這種狀態本身還沒有明確到使願望的力量變成行動。

渴望能力的活動，可以從概念開始。由於那種決定渴望去行動的原則，是基於人的內心，而不是基於那渴望的對象，根據喜愛，渴望能力的活動便構成行動或不行動的力量。如果這種活動兼有追求那渴望對象的行動力量的意識，它便構成一種選擇的行動；如果這種意識不與選擇行動發生聯繫，那麼，這種意識活動就稱爲願望。由於渴望做出決定（作爲渴望的喜愛或偏愛的依據）的內在原則存在於主體的理性中，這種渴望的能力便構成意志。因此，這種意志就是活躍的渴望或欲望的能力，因爲，這種意志，與其說它和選擇行動有關，倒不如說它和那決定選擇行動力量的原則有關。這種意志自身，當然沒有什麼特殊的做決定的原則，但是，就它可以決定自願選擇的行動而言，它就是實踐理性自身。

一般說來，在這種意志下，可包括有意的選擇行爲，也可包括單純願望的行動，這是就理性在它的活動中可以決定渴望的能力而言。那種可以由純粹理性決定的選擇行爲，構成了自由意志的行爲。那種僅僅由感官衝動或刺激之類的愛好所決定的行爲，可以說是非理性的獸性的選擇。可是，人類的選擇行爲，作爲人類，事實上是受這些衝動或刺激的影響，但不是由它們來決定的。因此，如果這種選擇行爲與理性決定的既成習慣無關，那麼，它本身便不是純粹理性決定的，但是，它可以因純粹意志的決定而採取行動。有意選擇行爲的自由，在於它不受感官衝動或刺激的決定。這就形成自由意志的消極方面的概念。自由的積極方面的概念，則來自這樣的事實：這種意志是純粹理性實現自己的能力。但是，這只有當各種行爲的準則服從一個能夠付諸實現的普遍法則的條件下才有可能，如果把純粹理性運用到選擇行爲，而又撇開其選擇對象來加以考慮的話，純粹理性可以視爲原則的能力，[3]就此而論，它是實踐原則的淵源。因此，可以把純粹理性看成是一種制定法規的能力。但是，由於它缺乏構成法規的質料，所以它只能成爲意志行爲準則的形式；如果就它作爲一個普遍法則來說，它又是最高法則和意志去做決定的原則。[4]由於這些人類行爲的準則或規則來源於主觀諸原因，它們自身並非必然地與客觀和普遍的原因相一致，因而理性只能規定出這種最高法則，作爲禁止做的或必須做的絕對命令。

有別於自然法則的自由法則，是道德的法則。就這些自由法則僅僅涉及外在的行爲和這些行爲的合法性而論，它們被稱爲法律的法則。可是，如果它們作爲法則，還要求它們本身成爲決定我們行爲的原則，那麼，它們又稱爲倫理的法則。如果一種行爲與法律的法則一致就是它的合法性；如果一種行爲與倫理的法則一致就是它的道德性。前一種法則所說的自由，僅僅是外在實踐的自由；後一種法則所說的自由，指的卻是內在的自由，它和意志活動的外部運用一樣，都是爲理性的法則所決定的。因此，在理論性的哲學中，據說只有外在感官的對象存在於空間之中，可是，一切內在的和外在的兩種感覺的對象，均存在於時間之中；因爲兩者的表述，都作爲表述，在這一點上，便同屬於內在的感覺。同樣地，不論是從外在的或內在的意志行爲來觀察自由，它的諸法則（一般說來，它們作爲純粹實踐的理性法則，用以決定意志的自由活動），必須同時是意志做出決定的內在的原則，雖然這些法則可能不會總是按照這種關係來考慮的。

一種道德形而上學的理論[5]和必然性

在《自然科學的形而上學原則》（*Metaphysical Foundations of Natural Science*）（一七八六）一書中，我已經說明，必須探究外在可感覺對象的自然科學，一定有一些先驗的原則，該書還說，有可能並有必要把這些原則整理成一個體系，稱之爲「形而上學的自然科學」，並作爲自然科學的經驗，叫做物理學的一個開端；這種物理學被應用到經驗裡的具體對象中。可是，後一種科學，如果它小心地做到它的概括不出現謬誤的話，便可以接受許多命題作爲經驗中已得到證明的普遍命題，雖然「普遍」一詞如按其狹義去理解，這些命題必須由形而上學的科學從先驗原則中引申出來。所以，牛頓（Newton）接受了爲經驗所證實的作用與反作用的平衡原理，而且把這個原理推演成一條關於整個物質世界的普遍法則。化學家走得更遠，他們把他們關於物質分子的化合和分解的最普遍的法則，完全建立在實驗上。可是，他們深信那些法則的普遍性和必然性，以致他們不去擔心建立在實驗上的這些命題會被發現有任何謬誤，而這些實驗又受這些命題所引導。

可是，道德法則卻與自然法則不同。道德法則作爲有效的法則，僅僅在於它們能夠合乎理性地建立在先驗的原則之上並被理解爲必然的。事實上，對於我們自己和我們行動的概念和判斷，如果它們的內容僅僅是那些我們可以從經驗中學得到的東西，那就沒有道德的含義了；如果說，有人錯誤地想透過經驗所得出的任何東西來制定道德原則的話，他就已經陷入最糟糕、最致命的錯誤的危險之中了。

如果道德哲學僅僅是一種有關快樂的理論，那麼，要爲它尋求先驗原則的基礎就純屬荒謬了。因爲，無論用什麼花言巧語都可以有理地宣稱，理性（甚至說它優先於經驗）能夠透過使我們可以延長生活中眞實快樂的享樂手段去理解它，那麼，這個先驗的學科的一切教導，如果不是同義詞的反復，就是毫無根據的假定。因爲只有經驗才能告訴我們，什麼東西會給我們帶來快樂。由於自然衝動導向食物、性本能、休息或活動的意念，以及一些較高的願望，如榮譽、知識的獲得等等（它們都是隨著我們的自然能力的發展而發展的），所以，這些自然衝動僅是一種能力，表明在什麼地方可以找到那些快樂的能力。此外，獲得的知識，對每一個人來說僅能透過他自己的辦法去獲得，這就是說，他能夠學到一些手段，並且他一定要透過這種手段去尋求那些快樂。就此而論，一切似是而非的先驗的合理化，歸根到底無非是通過歸納法，把經驗中的事實加以概括而已。由此而得到的一般性仍然是非常有限的，以致對每個人必須允許有數不清的例外，爲的是，他可以按照他特殊的愛好和獲得快樂的能力，去選擇他的生活方式。最後，個人確實必須變得精明伶俐，而以他本人或鄰居的遭難爲代價。

道德原則卻完全不是這麼一回事：它們給每個人頒下命令，而不考慮他特殊的愛好，僅僅因爲他是自由的並且有實踐的理性。道德法則的訓令，並不是以某人自身的觀察中或從我們動物本性的觀察中得來，也不是來自這個世界什麼事情會發生或者人們如何行動這類經歷的概念。[6]但是，理性命令我們應當如何行動，儘管找不到這類行動的榜樣，而且，理性也絕不考慮這樣行動可能給我們得到什麼好處，這種好處事實上只有經驗才能眞正告訴我們。因爲，雖然理性允許我們可以用任何可能的辦法，去追求對我們有利的東西，而且，根據經驗證明，理性一般說來，甚至可以允許服從它的命令的人比違反它的命令的人得到較大的好處，特別是那些經過深思熟慮的行爲更是如此。可是儘管這樣，作爲命令的理性戒律，其權威並不依賴於這樣的考慮。當理性在實踐判斷上，事先要調整某種不公平的對比使之均衡時，便根據純粹實踐理性的先驗原則的正當力量，爲了保證這種判斷的決定，理性只是把這些考慮作爲勸誡來使用，並作爲一種抵抗力去防止相反因素的誘惑。

形而上學論證，任何先驗的知識體系都包含著一些純粹的概念。因此，實踐哲學——不是把性格，而是把具有意志的自由作爲它的對象——必須事先假定並需要道德形而上學。它甚至要求具有這樣的形而上學作爲一種義務，確實，每一個人在他的心中都具有這種形而上學，只是一般說來，他對此是模糊不自覺的。因爲如果沒有先驗的原則，一個人怎麼能夠相信在他自身中有一種普遍法則的源泉?正如在自然科學的形而上學中必須有一些原則，規定如何把自然的普遍的最高原則運用到經驗中的對象上，所以，在道德形而上學中亦必定有這類原則。我們將不得不經常客觀地去討論，某人的只有從經驗中才能認識的特殊性格，爲的是表明在這個性格中，那些東西是普遍道德原則影響的結果。可是，在具體運用這些原則的過程中，採取這種對待這些原則的方式，決不至於損害它們合理的純潔性，或者對它們先驗的根源產生懷疑。這等於說，道德形而上學不能像關於人的經驗科學那樣，建立在人類學之上，但卻可以應用到人類學中去。

與道德形而上學對立的部分，又屬實踐哲學的另一個分支，應該是道德人類學，作爲研究人類道德性質的經驗科學。這門科學只應該包括主觀的條件。這些主觀條件在實踐中，加上運用宣傳、擴大影響以及加強道德原則（例如透過對青年的教育以及對人民的教導）的手段，和利用所有其他建立在經驗之上並與主觀條件不可分離的學說與戒律，對那些存在於人性中的普遍道德法則的實現，起到阻礙或促進的作用。然而這些主觀條件既不能擺在理性原則的形而上學研究之前，也不要和這種研究相混淆。因爲這樣做十分危險，可能得出虛假的法則，至少也是一些有很大伸縮性的道德法則；而這樣做還將會提出一個不可能達到的、不爲人所喜愛的法則，那是由於這個法則尚未爲人所理解，尚未表現出它的純潔性（這個法則的力量正包含在它的純潔性中）。或者相反，僞造的和混合的動機也許會被用來替代那種本身合乎義務和良好的東西。上述動機，無論對判斷的指導，或者在義務的實踐中，對心靈的約束都不能提供可靠的道德原則。所以只有通過純粹理性，義務才能夠得到必要的規定。

高一級的哲學上的劃分（其劃分的根據就如上面所述）是理論哲學和實踐哲學。實踐哲學正是廣義的道德哲學（對此，我已在別的地方加以說明了）。[7]根據自然法則，一切可以實踐並有可能做到的，都是技藝活動的專門學科，它的戒律和規則完全依賴自然的理論。只有那些依據自由法則可以實現的行爲，才能具有獨立於理論之外的原則，因爲任何超越自然所決定的東西，都不存在理論。因此，哲學不能在實踐的這一分支中，包含一種技藝性的理論，而只能有一種道德實踐的學說。但是，如果與自由法則一致行動卻與自然相反的意志的機敏，也可以稱之爲是一種技藝，那就必定表明有一種技藝，可以使一個自由的體系像自然的體系一樣成爲可以實現的體系。如果我們能夠利用這種技藝完整地認識理性對我們規定的是什麼，並把這個意念加以實踐，那麼，事實上這種技藝將會成爲神的技藝。

道德形而上學的分類[8]

一切立法，不論是涉及內在的或外在的行爲，也不論它來自純粹理性的先驗的命令，或者是由於別人意志的規定，都涉及兩個因素：第一是法則，它表示該行爲出於客觀上的必然性，是應該發生的，因而把這種行爲變成義務；第二是動機，它把意志對上述行爲做出決定的原則，以及內心對上述法則的表述，主觀地聯繫起來，因此，這個法則使得義務成爲該行爲的動機。通過第一個因素，該行爲依照實踐法則，與決定意志活動的可能性的單純理論認識相一致，該行爲便體現爲一種義務。通過第二個因素，要按此行動的責任，便與意志本身做出決定的原則在主體中聯繫起來了。因此，一切立法都可以根據它的「動機原則」[9]加以區分。那種使得一種行爲成爲義務，而這種義務同時又是動機的立法便是倫理的立法；如果這種立法在其法規中沒有包括動機的原則，因而容許另一種動機，但不是義務自身的觀念，這種立法便是**法律的**立法。至於後一種立法（很明顯，動機與義務的觀念有區別），在做出有意識的活動的決定時，它們必定受到愛好或厭惡的主觀方面（病理學）的影響，特別是對來自厭惡的影響，因此這一種立法必須是強制性的，也就是不單純是誘導的或勸導的模式。一種行爲與法律一致或不一致而不考慮它的動機，就是該行爲的**合法性**；如果一種行爲的義務觀念產生於法規，而同時又構成該行爲的動機，這種行爲的特性就是該行爲的**道德性**。

義務，特別是根據法律立法確定的義務，只能是外在的義務。因爲這類立法的方式，不要求義務

（它是內在的）的觀念，就是那決定意志行動的原則自身，如果這種立法的模式要求有一種動機符合於它的法律性質的動機，那麼，這種動機只能與此法則的外在的東西發生關係。倫理的立法則相反，它使得內在的行爲也成爲義務，但是它並不排除外在的東西，因爲它擁有一切屬於義務性質的東西。正是由於倫理立法在它的法則中包含行爲的內在動機，猶如該行爲的內在動機被包含在義務的觀念之中，這樣，倫理的立法含有一種根本無法歸入外在立法的特性。因此，倫理立法自身不可能是上述外在的立法，它甚至也不是從神的意志中產生，雖然它可以容納那些依靠外在立法而存在的義務作爲它的義務，並在它自己的立法中把這些義務放在動機的位置上。

根據以上所述，顯然，所有義務僅僅因爲它們是義務，都屬於倫理的範圍；可是，基於義務所產生的立法，卻不能根據這種解釋，認爲在一切情況下，它都包括在倫理之中，相反地，有許多這樣的法規存在於倫理之外。因此，倫理命令我必須履行由契約規定的諾言，雖然締約的另一方不見得能夠強迫我這樣做。倫理學從法理學或權利的科學中，採納那些適合於它的法則和義務，倫理的許多命令正是通過這種辦法建立起來的。因此，守約的原則，不是存在於倫理之中，而是存在於法理學中，即「被制定和被接受的諾言必須要遵守」。據此，倫理特別教導我們，即使不理會外在強制的動機原則（這種強制體現了法律立法與義務的聯繫），那麼，單是義務的觀念自身就足夠作爲動機了。因爲，假如不是這樣，假如立法本身不是法律，那麼，由此而產生的義務就不會專門是一種權利的義務（有別於道德的義務），而人們在履行義務中所表現出來的忠誠（這些行爲可能是人們受到契約條款的約束才這樣做的），便會把行爲分成慈善的行爲和加於他們的責任的行爲，這類分類不可能是正確的。

遵守諾言，並不必然是一種道德的義務，而是一種權利的義務，履行這種義務可能是出於外在的強制力。但是，遵守諾言，即使不使用任何強制力來強迫遵守它，它同時是一種合乎道德的行爲，並且是道德的證明。因而，法理學，作爲權利的科學，以及倫理學，作爲道德的科學，其間的區別並不太著重於它們的不同義務，而更多的是它們的立法不同。不同的立法所產生的不同的法規便與這一類或那一類的動機發生聯繫。

倫理的立法就是那些**不可能**是外在的立法，雖然它所規定的義務**可以**是外在的和內在的。法律的立法也可能是外在的立法，因此，遵守契約規定的諾言是一種外在的義務。但是，那種指令人們按它去做的原因，僅僅因爲這是一項義務，並不考慮任何其他動機，這種指令便完全屬於**內在**的立法。爲此，一種責任，如果它是一類特殊義務，或者一類對我們行爲方式的特殊的約束（它在倫理上和在法理學中，都是一種外在的義務），這種責任便不屬於倫理的範圍。但是，如果遇到這種情況，即一種內在的立法不能有一位外在的立法者，那麼這樣的責任便稱作屬於倫理的；出於同樣的理由，慈善性的義務，雖然它們（作爲外在行爲的責任）都是外在的義務，都算作屬於倫理性質的，因爲它們只能藉由內在的立法責成於人。倫理有它自身的不容置疑的特殊義務——例如怎樣對待自己——但是，倫理仍然有一些與法理學共同具有的義務，只是不採納共同負責的方式而已。簡言之，倫理立法的特殊性，就是它責成人們去履行此行爲時，僅僅因爲它們是義務，並且把義務自身的原則——不管它的原因或理由是什麼——作爲意志活動的唯一充分的動機。可見，有許多**倫理**義務，它們**直接**的就是動機；內在立法也使得其餘的義務全部間接的成爲倫理的義務。[10]

一個體系的各個分支的演繹，正是對此體系的完整性和連續性的保證。因此，可能存在一種邏輯的過渡，即從一般的劃分概念到各個分支的組成部分，並在整個體系和層次中，從頭到尾都沒有任何安排上的中斷或不連貫性。這樣一種劃分工作是建立一個體系最困難的條件之一。至於什麼是最高的概念，即首先劃分正確與錯誤，甚至還存在一定的疑問。但是，絕不懷疑一般存在自由意志活動的概念。同樣，本體論的解釋者是從某物和無物開始的。它們沒有考慮到「某物」和「無物」是已經存在的劃分好了的各部分，而要做到這一步之前，尚缺乏一個最高的劃分事物的概念，最高的劃分概念只能是對物的一般的劃分。

一般基本概念的定義和解釋

自由的概念是一個純粹理性的概念。因此，對於理論哲學來說自由是超驗的。因爲這一概念在任何可能存在的經驗中，都無法找到或不能提供相應的事例，結果，自由不能被描述成爲（對我們是可能存在的）任何理論認識的一個對象。它在任何方面都不是構成性的概念，而僅僅是一種調節性的概念，它可以被思辨的理性所接受。但是，最多只能作爲是一種純消極的原則。可是，在理性的實踐方面，自由的現實性也許可以被某些實踐原則所證明。這些實踐諸原則，作爲法則，在決定意志——獨立於一切經驗的和可感知的條件——活動的過程中，證明都是純粹理性的一種誘因。這樣一來，在我們自身中有一種純粹意志（作爲一切道德概念和法律淵源）的事實就被證實了。

在實踐的關係中，建立了基於自由的積極概念上無條件的實踐法則，它們專門構成道德法則。由於我們是人類，具有一種受到感覺官能影響的意志活動，結果，這種意志的活動可能與純粹意志不一致，甚至經常與它衝突，這些法則表現爲強制的命令或禁止我們做某些行爲，因此，這類法則是絕對的或無條件的命令。這種絕對的或無條件的特性使它們有別於技術性的命令——它們表達技藝性的規定，而且始終是有條件地下達命令。根據這些絕對命令，一些行爲允許做的或不允許做的，都是決定於它在道德上是可以做的或不可以做的。這些行爲中有的行爲，或者與它們對立的那些行爲，都是道德上必須的或強制性的。因此，關於這樣的行爲就出現了義務的概念，誰遵守或違犯義務，就會隨之帶來特殊的、被稱爲道德感情上的快樂或痛苦。可是，當我們考慮理性的實踐法則時，卻不把道德感覺或感情計算在內，因爲它們並不是構成理性的實踐法則的基礎或原則，它們僅僅是一種主觀的反應，那是當我們有意識的活動決定於這些法則的時候，產生於心靈中的反應。如果從理性去判斷，雖然，這些道德感情既不能增加，也不能減少道德法則的客觀效力和影響，但是，這樣的感覺可能根據不同的人的體會而有所不同。

下面一些概念對於道德形而上學的兩大分支（法理學和倫理學）都是共同的。

責任是自由行爲的必要性，這是從自由行爲與理性的絕對命令有聯繫的角度來看的。一項絕對命令就是一項實踐規則。根據這個規則，一種行爲便成爲必要的，否則，這種行爲自身只是偶然的。絕對命令不同於實踐法則（雖然實踐法則同樣表示該行爲是必要的），當絕對命令涉及行爲者的品質時（例如一個聖潔的人），卻不考慮這種行爲對他說來是不是內在必要的，還是出於偶然的（例如我們所見到的一個普通的人），因爲，凡是堅持有利是首要條件的地方，事實上不存在絕對命令。因此，一項絕對命令就是一項規則，它不僅指出而且使得主觀上認爲是偶然性的行爲成爲必須做的。還有，絕對命令因此還表示了主體，作爲有道德感的人，必須根據這種規則去行動。絕對的或無條件的命令是這樣的一種命令：它要求做的行爲用不著間接地通過一種目的的概念，要透過這種行爲才能達到這個目的；但是，它用它的絕對命令的形式對心靈表示，這種行爲在客觀上是必要的，便使該行爲成爲必要的。這樣的命令不能透過任何其他實踐學科提出來，只是那種說明責任的學科，即只有道德的學科才能做得到。所有其他的命令，都是技術性的，它們全都是有條件的。絕對命令之所以有可能性，是基於這樣的事實：它們不是那種可能附帶有某種意圖的意志的決定，它們僅僅基於意志是自由的。

任何與責任不相矛盾的行爲都被允許去做，這種自由，由於不被相反的絕對命令所制約，便構成道德的權利，作爲該行爲的保證或資格。從這點便可以立刻明白，什麼行爲是不允許的或不正當的。

義務是對任何這樣一種行爲的稱呼：這類行爲能夠使任何人都受到一種責任的約束。因此，義務是一切責任的主要內容。義務，從與某一行爲有關的角度看來，可能是一回事，但是，我們卻可以根據不同的原因受這種義務所約束。

由於絕對命令表明去做某些行爲是一種責任，絕對命令便是道德上的實踐法則。但是，由於責任在這樣一種法則中所表明的，不僅僅包含實踐上的必要性，而且還表明確實的強迫性，所以，絕對命令就是法則，或者是命令，或者是禁止；根據要做或不要做一種行爲，絕對命令表現爲一種義務。如果一種行爲既不是命令規定去做的也不是禁止去做的，它便僅僅是允許去做，因爲，沒有限制自由的法規，對此行爲也沒有規定任何義務，這樣的行爲就可以說與道德無關。人們可以問哪裡有這樣與道德無關的行爲？如果有，是否在戒律性和約束性的法規之外，還需要一種允許性的法規，以便讓人們依照自己的意願，可以在這種情況下自由行動，或者克制自己不去行動。如果事情確是如此，那麼，我們所談論的道德權利，在任何情況下，都不是指那些本身並不重要的行爲；因爲根據道德法則來考慮那些行爲，不需要任何特殊法則來建立這樣的權利。

一種行動之被稱爲一種行爲[三]（或道德行爲），那是由於這種行爲服從責任的法則，而且，這行爲的主體也被看作當他在行使他的意志時，他有選擇的自由。那個當事人（作爲行爲者或道德行爲的行動者）透過這種行爲，被看作是該行爲效果的製造者。這種效果以及這種行爲本身，也許是外加於他的，如果他事前知道該道德法則要他承擔一種責任的話。

人，是主體，他有能力承擔加於他的行爲。因此，道德的人格不是別的，它是受道德法則約束的一個有理性的人的自由。道德的人格不同於作爲心理上的自由，因爲心理上的自由僅是一種能力，通過這種能力，我們可以在不同的情況下，意識到我們自己與我們的存在是一致的。因此，結論是，人最適合於服從他給自己規定的法律——或者是給他單獨規定的，或者是給他與別人共同規定的法律。

物，是指那些不可能承擔責任主體的東西。它是意志自由活動的對象，它本身沒有自由，因而被稱之爲物。

是或非，[12]一般的含義是指一個行爲是否符合於義務或違背義務，不論這個義務的內容或其來源是什麼。凡是與義務相違背的行爲叫做違犯。

對義務的一種無意違犯，如果要追責他本人，僅能稱爲過失。一種故意的違犯——指行爲者意識到這是一種違犯的行爲——則構成犯罪。凡是在法律的含義上與外在法律相符合的事情，稱爲合乎正義（或公正），凡是在法律的含義上與外在法律不相符合的事情，稱爲非正義（不公正）。

義務或責任如果彼此衝突，結果便會在它們之間發生這樣一種關係：一方完全地或部分地廢除另一方。義務和責任都是一些概念，它們表明某些行爲在客觀實踐上的必要性，兩種相反的規則不可能在客觀上同時是必要的，因爲，如果根據一方的規則去行動是一種義務，那麼，不但沒有義務按照相反的一方的規則去行動，而且，這樣去做甚至可能違反了義務，因此，義務和責任的衝突完全是不可思議的。不過，對某一個人來說，加給他的責任，根據他自己所了解的一條規則，可能有兩個理由，可是，沒有任何一個理由可以充分地構成眞正的責任；在此情況下，其中之一就不是義務。如果構成責任的兩個理由確實是彼此衝突的，那麼，實踐哲學不認爲較強的責任便必然要占上風，而認爲那個較強的責任的理由應當保持它的地位。

那些使外在立法成爲可能的強制性法律，通常稱爲外在的法律。那些外在的法律即使沒有外在立法，其強制性可以爲先驗理性所認識的話，都稱之爲自然法。此外，那些法律，若無眞正的外在立法則無強制性時，就叫做實在法（Positive Law）。因此，一種包括純粹自然法[13]的外在立法是可以理解的。可是，在這種情況下，就必須假定先有一條自然法來樹立立法者的權威，表明通過他本人的意志行爲，他有權（利）使他人服從責任。

使得某種行爲成爲一種義務的原則，就是實踐法則。一行動者依主觀的理由，把一規則作爲他自己的行動原則，這條規則，就叫做他的（行爲）**準則**。可見，即使實踐法則只有一條並保持不變，行動者的諸準則卻可以大不相同。

絕對命令，一般僅僅表明什麼構成責任。它可以概括爲如下公式：「依照一個可以同時被承認爲普遍法則的準則行事。」因此，行爲，必須首先按照它們的主觀原則來考慮。但是，這個主觀原則是否在客觀上也有效，只能透過絕對命令的尺度才能爲人們所知道。理性把任何行爲的原則或準則加以檢驗，它要求行爲者聯繫這個原則或準則來想想他自己。理性還同時提出一項普遍法則，並且考慮他的行爲是否有足夠的資格適合於納入這樣的一項普遍立法之中。

上述普遍法則的單純性，和那些可以從這條法則引導出來的大量的和多樣的後果相比較，再看它的命令所具有的權威和尊嚴（用不著附加任何明顯的動機或約束力），這種單純性最初出現時肯定要引起人們極大的驚異。我們可能十分奇怪我們的理性力量，它透過一個單純的意念（使一項準則有資格符合實踐法則的普遍性）便能決定意志的活動，特別是當我們被教導：這種實踐的道德法則，最初表現爲意志的一種特徵，即思辨理性，它絕不可能來自先驗的原則，或者來自任何經驗的東西；即使實踐法則已經確定有關事實，但它也絕不能在理論上證明這種事實的可能性。這種實踐法則，無論如何，不但發現了意志的特徵就是**自由**這一事實，而且無可辯駁地確立了這一特徵。因此，你無需驚異地看到道德法則是**不可能示範**的，但卻是**明白無疑**的，如同數學的公式那樣。與此同時，在我們面前展示了實踐知識的全部領域，從這裡，理性，在它的理論方面，必然發現它自身以及它的思辨的自由觀念，連同所有那些超感覺的觀念，一般都被排除在實踐知識之外。

一種行爲與義務法則相一致構成此行爲的合法性；這種行爲的準則與義務法則相一致構成此行爲的道德性。因此，準則就是行爲的主觀原則，個人把它定爲自己的一項規劃，作爲他實際上決意怎樣去行動。

另一方面，義務的原則，就是理性絕對地、客觀地和普遍地以命令的形式，向個人提出，他應該如何行動。

因此，道德學科的最高原則是：「依照一個能夠像一項普遍法則那樣有效的法則去行動。」凡是不符合這個條件的準則，就是違背道德。

法則一般被看作是實踐理性產生於意志，準則出現於意志在做出選擇過程的活動之中。後者對人來說就構成自由意志。如果意志僅僅指一種單純的法則，那麼，這種意志既不能說是自由的，也不能說是不自由的，因爲它與行爲沒有直接的關係，但它爲行爲的準則提供一種法則，因此，它就是實踐理性自身。所以，這種意志作爲一種能力，它本身絕對是必然的，它不服從於任何外在的強制。因此，只有在自己有意識的活動過程中，那種選擇行爲才能被稱爲自由。

意志行動的自由卻不能界說爲一種不重要的個人任性的自由，[14]後者是作爲一種能做出是否遵循或反對上述法則選擇的能力。在那種有意識的活動過程中，如果作爲一種現象來看，的確在經驗中存在許多選擇的事例，於是有一些例子便被界說爲自由意志。因爲自由第一次通過道德法則而可以被認識的時候，僅僅被認爲是在我們自身中一種否定的特性，因爲自由並非透過可感知的做出決定的原則，強迫我們去行動這一事實構成的。如果把意志的行動看作一種本體的眞實，並把人看作有一種純粹理性的智慧，那麼，意志的行動根本就不能從理論上加以說明，也不能說它的力量在選擇的過程中，如何必定能夠按那種可感知的活動去行動，因而也不能說明自由的肯定特性存在於什麼地方之內。我們所能看到和理解的，只有下面一些：人，作爲屬於有感覺生物的一種，卻顯示出——如同在經驗中所表明的——有選擇的能力，不但可以做出合乎上述法則的選擇，也可以做出違背此法則的選擇；人，作爲屬於智能世界中理性的一生物，他的自由不能由僅僅可以被感知的諸表象加以解釋。因爲可被感知的現象，不能使一個超感知的對象——如自由意志——成爲可以理解的，自由也不能依據下面單純的事實而被認識：人，作爲有理性的主體能夠做出與他自己立法理性相違背的選擇，雖然經驗可以證明這種情況經常發生，儘管我們無法知道這樣的事情爲何可能如此，因爲，承認一項基於經驗的命題是一回事，而把這個命題作爲理解的原則，並把它作爲普遍識別自由意志（有別於任意專斷的行動）的標誌，則又是一回事。因爲，經驗的命題並不認爲任何個別的特性必然地屬於某種概念，但是，在解釋的過程中卻是這樣要求的。自由，就它與內在的理性立法的關係而言，只可以恰當地稱之爲一種力量而已。上面提到的那種產生背離法則的可能性，正是一種沒有能力或者缺乏這種力量的表示。那麼，怎麼可以用後者（沒有能力）來說明前者（有能力）呢？要做到這一點，只有通過一個定義，它可以把自由意志加進實踐的概念之中，這種情況存在於經驗中，但是，這個定義將是一種混合的定義，並可能在一種錯誤的思路下去說明這個概念。

一項道德的實踐法則是一個命題，它包含著絕對命令（戒律）。那位通過法令來下命令的人是制法者或立法者。他是那種責任——伴隨著法令而來的責任的作者，但是，他並不始終是這種法令本身的作者。在後一種情況下，這種法令可能是實在性的、偶然性的、任意的。那種由我們自己的理性先驗地、無條件地加於我們的法則，也可以表現為出自最高立法者的意志，結果成為只具有權利而沒有義務的意志，它僅僅表示一個法人的意念，他的意志對所有的人來說就是命令，用不著理會他是否是這個意志的作者。

從道德含義上看，責難是一種判斷，任何人通過這個判斷就宣布他是一種行為的作者，或者是一種行為的自由動機的承擔者，這個行為於是被認為是他的道德表現或德行，並且受到法則的約束。[15]如果這個判斷又規定了關於這種道德行為的法律後果，那麼，這個判斷就是合法的或有效的；否則它便僅僅是一種裁定或宣告而已。一個享有法權的人——單個人或集體——被授權去判定行為是否合法，他就是法官或法庭。

當任何人的行為符合於義務而不是僅僅迫於此法則才去行動時，這種行為就是值得稱讚的。那種僅僅嚴格依據此法則去做的行為，便是守本分。如果完成一種行為比此法則所要求的做得少，其結果就是道德上的缺點或者過錯。

對一種應該受譴責的、有缺點的行動所承受的法律效果或後果，便是懲罰；一項值得稱讚的行為的後果，就是給予獎賞，前提是被此法則所承諾並構成該行為的動機。一種行為如果符合於「守本分」或嚴格地與「守本分」相一致，那就沒有法律上的後果。慈善行為受到的讚揚與法律無關。

履行一項有責任去做的行爲，因而產生好的或壞的後果，這不能歸咎於行爲者；同樣，履行一項值得稱讚的行爲，如果失敗了，亦不能歸咎於行爲者。一件值得稱讚的行爲的良好後果，以及一件錯誤行爲的不良後果，倒可以追究於行爲者。

對行爲者歸咎的程度，取決於行爲者必須克服的障礙（或困難）的大小。如果在感知方面的自然障礙較大，而涉及義務的道德障礙較小，這個善良的行爲，就越應該受到稱讚。這個道理從下面的例子裡可以看得很分明：例如某人去拯救一個毫不相識的人於巨大災難之中，並且要求他做出相當大的犧牲；反之也相同，如果感知上的自然障礙小，而基於義務原因的障礙大，這種不良行爲就更加應該受到譴責。可見，當事人或行爲者的心理狀態不同，根據他是懷著強烈的熱情去做或者是冷靜地、審愼地去做，對該行爲的評價便有所不同。

◆註釋◆

【1】「根據」，指哲學意義上的，就是一事物存在的根據或原因。——譯者

【2】感覺力，作為感覺的能力，可以根據我們表述的主觀性質，給它下個定義。它是一種理解力，首先，它指的是對一個對象的主觀表述的能力。只有這種能力，可以運用這些表述手段去思考任何對象。那麼，我們表述的主觀性質，可能是這樣一個內容，即這些表述能夠和客觀對象發生聯繫，從而提供有關對象的知識；或者是有關它們形式的知識；或者有關它們內容（質料）的知識。通過純粹理解力（或直覺）獲得前者的知識；通過恰當的感覺獲得後者的知識，在此情況下，「感覺能力」（作為有接受客觀表述的能力）可以恰當地稱之為「感覺的理解力」。但是，僅僅從心理表述的主觀性質來看，事實上不能變成客觀的知識，因為它僅包括思維的主體與這些表述的關係，而不包括任何可以用來獲得一個對象知識的東西。在此情況下，心靈對這種主觀表述的接受能力，叫做感觸。這種接受能力，包括這種表述對主體所產生的後果，不論對此主體是感覺方面的或者是心智上的，它屬於感覺力，雖然表述本身可以屬於理解的或理性的。——康德原註

【3】指發現與堅持原則的才能。——譯者

【4】這兩句中的「法規」、「法則」，在英譯本中均為「law」，似無分別但又不得不加以分別。——譯者

【5】原文為「Idea」，可以譯為「思想」，但就這一節的內容來看，所講的都是理論問題，比思想更深一層，所以譯為「理論」。——譯者

【6】德文中的「Sitten」（道德），與拉丁語中「Mores」的意思是一樣的，僅指生活態度和生活方式。——康德原註

【7】指《判斷力的批判》（*Critique of Judgement*）（一七九〇）。——譯者

【8】一個體系分類（劃分）的演繹，即既證明分類的完整性，又證明持續穩定性，也就是說，在一系列小的分類中，要不經飛躍，從被分出來的概念過渡到成為分類的一個環節（一項），這種過渡對於一個體系的建築師來說，是最難完成的條件之一，什麼是劃分權利（公正）或非權利（不公正）的最高的被分出的概念，也有令人疑慮之處。這是自由的意志選擇的行動。正如本體論的教師們從「一些」和「無」開始，直至最高，卻沒有認

識到，這已經就是一種分類的若干環節（項），不過對此仍缺乏被分出來的概念，被分出來的概念無非是一個一般對象的概念。——康德原註

【9】這種分類的理由是適用的，儘管那種成為義務的行為，可能與另一種行為（從另一個角度看來，這種行為可能是另一種樣子）恰好一致。例如，行為在任何情況下，都可以按照它們外在的條件加以分類。——康德原註

【10】德文版第三節到此為止，缺以下的一大段。——譯者

【11】康德在此所說的「行為」是指一種「完整的行為」，即他所解釋的道德行為。——譯者

【12】或譯「正確與錯誤」、「公正與不公正」。——譯者

【13】德文出版者註，此「純粹自然法」應為「實在法」。這個註頗重要，否則很難理解這裡說的自然法是什麼。——譯者

【14】freedom與liberty，在康德和黑格爾（Hegel）二人的術語中都有一定的區分的，他們想的是把前者指依理性而做出正確選擇的「自由」，而後者則指任性的「自由」，褒前者，貶後者。——譯者

【15】這裡所說的法則，應該是道德法則。——譯者

權利科學

權利科學導言

一般的定義與分類[1]

一、什麼是權利科學？

權利科學所研究的對象是：一切可以由外在立法機關公布的法律的原則。如果有一個這樣的立法機關，在實際工作中運用這門科學時，立法就成爲一個實在權利和實在法律的體系。精通這個體系知識的人稱爲法學家或法學顧問。從事實際工作的法學顧問或職業律師就是精通和熟悉實在的外在法律知識的人，他們能夠運用這些法律處理生活中可能發生的案件。這種實在權利和實在法律的實際知識，可以看作屬於法理學（Jurisprudence）（按這個詞的原來含義）的範圍。可是，關於權利和法律原則的理論知識，不同於實在法和經驗的案件，則屬於純粹的權利科學。[2]所以，權利科學研究的是有關自然權利（Natural Right）原則的哲學上並且是有系統的知識。從事實際工作的法學家或立法者，必須從這門科學中推演出全部實在立法的不可改變的原則。

二、什麼是權利？[3]

問一位法學家「什麼是權利？」就像問一位邏輯學家一個眾所周知的問題「什麼是眞理？」同樣使他感到爲難。他的回答很可能是這樣，且在回答中極力避免同義語的反復，而僅僅承認這樣的事實，即指出某個國家在某個時期的法律認爲唯一正確的東西是什麼，而不正面解答問者提出來的那個普遍性的問題。對具體的實例指出什麼是正確的，這是很容易的，例如指出在一定地方、一定時間的法律是怎樣說的[4]或者可能是怎樣說的。但是，要決定那些已經制定出來的法律本身是否正確，並規定出可以被接受的普遍標準以判斷是非，弄清什麼是公正或不公正的，這就非常困難了。所有這些，對一個做實際工作的法學家來說，可能還完全不清楚，直到他暫時摒棄他那來自經驗的原則，而在純粹理性中探索上述判斷的根源，以便爲實際的實在立法奠定眞正的基礎。在這種探索中，他的經驗性的法律，確實可以提供給他十分有用的指導；但是，純粹經驗性的體系[5]（對理性的原則是無效的）就像費德拉斯（Phaedrus）童話中那個木頭的腦袋那樣，儘管外形很像頭，但不幸的是缺少腦子。

權利的概念——就權利所涉及的那相應的責任（它是權利的道德概念）來看：

(1)首先，它只涉及一個人對另一個人的外在的和實踐的關係，因爲通過他們的行爲這件事實，他們可能間接地或直接地彼此影響。

(2)其次，權利的概念，並不表示一個人的行爲[6]對另一個人的願望或純粹要求的關係，不問它是仁慈的行爲或者不友好的行爲，它只表示他的自由行爲與別人行爲的自由的關係。

(3)最後，在這些有意識行爲[7]的相互關係中，權利的概念並不考慮意志行動的內容，不考慮任何人可能決定把此內容作爲他的目的。換言之，在一個權利問題中不需問人。他爲了自己的事情去購買貨物時並不去問任何人，是否在這一筆買賣中獲得好處的權利，而僅僅考慮這筆交易的形式，考慮彼此意志行爲的關係。[8]意志行爲或者有意識的選擇，它們之所以被考慮，只是在於它們是自由的，並考慮二人中一個人的行爲，按一條普遍法則，能否與另一人的自由相協調的問題。

因此，可以理解權利爲全部條件，根據這些條件，任何人的有意識的行爲，按照一條普遍的自由法則，確實能夠和其他人的有意識的行爲相協調。[9]

三、權利的普遍原則

「任何一個行爲，如果它本身是正確的，或者它依據的準則是正確的，那麼，這個行爲根據一條普遍法則，能夠在行爲上和每一個人的意志自由同時並存。」[10]

因此，如果我的行爲或者我的狀況，根據一條普遍法則，能夠和其他任何一個人的自由並存，那麼，任何人妨礙我完成這個行爲，或者妨礙我保持這種狀況，他就是侵犯了我，[11]因爲根據普遍法則，這種妨礙或阻力不能和自由並存。

由此可以推論出：不能要求，這條概括一切準則的原則本身就是我的準則；也就是說，我把它作爲我的行爲準則。因爲每個人都可以是自由的，儘管他的自由對我的自由完全無關緊要，甚至儘管我心中還想去侵犯他的自由，但我並沒有以我的外在行爲眞去違犯他的自由。然而倫理學（它和法理學不同）加給我的一種責任，是要把權利的實現成爲我的行動準則。[12]

因此，權利的普遍法則可以表達爲：「外在地要這樣去行動：你的意志的自由行使，根據一條普遍法則，能夠和所有其他人的自由並存。」這無疑是把責任加於我的一條法則；但僅就這個責任而言，它根本不能期待我，更不是命令我應該用這些條件來限制我的自由。理性只是說，它在這個方面深受它自己的意見所限制，並很可能實際上也受到別的條件所限制；理性把此普遍法則作爲一個不能進一步證明的公設而規定下來。由於此公設的用意不是教人以善德，而是去說明權利是什麼，那麼，權利的法則，正如上面所說的，不可以也不應該被解釋爲行爲的動機原則。

四、權利是與資格相結合的或者與強制的權威相結合的

反對任何一種效果的障礙，事實上就是擴大這種效果，而且和這種效果的完成相一致。現在根據普遍法則，凡是妨礙自由的事情都是錯誤的，任何方式的強制或強迫都是對自由的妨礙或抗拒。因此，如果在某種程度上，行使自由的本身就是自由的妨礙，那麼，根據普遍法則，這是錯誤的；反對這種做法的強迫或強制，則是正確的，因爲這是對自由的妨礙的制止，並且與那種根據普遍法則而存在的自由相一致。於是，根據矛盾的邏輯原則，所有的權利都伴隨著一種不言而喻的資格或權限，對實際上可能侵犯權利的任何人施加強制。

五、嚴格的權利也可以表示為這樣一種可能性：根據普遍法則，普遍的相互的強制，能夠與所有人的自由相協調

這個命題的含義是，權利不能看作是由兩個不同的要素組成：根據那條普遍法則而來的責任，以及一種權利，即有一方可以通過他自己的自由選擇，可以約束並迫使別人去履行某種行爲。可是，這個命題意味著權利的概念，可以看作直接含有普遍的相互強制的可能性，並與所有人的自由相協調。由於一般的權利所涉及的對象僅僅是外在的行爲，因此，嚴格的權利與倫理沒有任何牽連，它只考慮行爲外在的方面，而不考慮行爲的其他動機，因爲它是純粹的權利，不摻雜任何道德的律令。所以，**嚴格**的權利（按照這個詞的狹義含義）就是那種僅僅可以被稱爲**完全外在的**權利。毫無疑問，這樣的權利是建築在每個人根據這條普遍法則而來的責任的意識上。但是，如果它確是這樣的純粹，它便既不可能也不應該把這種意識作爲動機，並通過這個動機去決定意志的自由行動。爲此目標，這個命題便建立在一種外在強制的可能性原則之上，這種強制，根據普遍諸法則，[13]可以和每一個人的自由並存。因此，當人們說債權人有權要求債務人償還他的債務時，這絲毫不是說債權人可以讓債務人的心裡感覺到那是理性責成他這樣做，而是說，債權人能夠憑藉某種外在強制力迫使任何一個債務人還債。而這種強制，根據一條普遍法則，與所有的人（包括與此債務有關的各方面的人在內）的自由相符合。可見，權利和強制的權限是一回事。

權利的法則，如前面所闡明的那樣，是在普遍自由的原則支配下，根據每一個人的自由，必

然表示爲一種相互的強制。於是，權利的法則，可以說是權力概念的典型結構，也就是根據作用與反作用的平衡的物理法則，對物體自由活動的可能性進行了類比的研究，然後用一種純粹先驗的直覺來說明它。既然在純粹數學中，我們無法直接從一個單純的抽象概念推演出這個學科研究對象的種種屬性，我們只能夠通過有形結構，或者通過此學科概念的描述去發現這些屬性，對權利的原則也適用這種辦法。這種辦法對純粹形式上的權利概念來說，還不算十分重要，可是，對普遍與平等的相互強制的關係，則更爲重要，因爲相互強制與權利的法則相協調，並且按一般法則加以歸納，這樣一來，便使得對權利法則概念的描述成爲可能。正如那些在力學中被提出來的概念，都是建立在純粹數學的形式上的描述（如同在幾何學中所提出的那些概念），所以，理性已經同樣注意到用先驗的直覺描述，並盡量設法令人能夠理解權利概念的結構。在幾何學的線條中，正確是相對而言的，例如直線，它是相對曲線和對斜線而言的。[14]在第一種對立中，這裡涉及線條的一種內在的特性，即在已知兩點間作線，只可能有一條直線或者一條正確的線段。在第二種情況中，如果兩條交叉的或相遇的線，它們的位置同樣是這樣的性質，即只有一條線可以被稱爲垂直線，此線不能偏向於這一邊或那一邊，並把空間分割成相等的兩部分。經過這樣的類比，權利科學的目的在於決定每一個人，取得像數學那樣準確的他自己的一份；然而，在善德的倫理學中，卻不能企望做到這樣，因爲它不能不允許一定範圍作爲例外。但是，不用進入倫理的領域，就存在兩種情況，即人所共知的不明確的權利「衡平法」（Equity）和「緊急避難」（Necessity），[15]它們要求做出法律的決定，可是，找不到什麼人能夠對它們做出決定。按它們與權利的關係看，可以說是屬於伊比鳩魯（Epicurus）所指的「天體之間」的問題。我們必須一開始就把它們從權利科學的[16]（這是我們即將討論的）具體闡述中除去。現在，我們可以考慮採用補充說明的辦法附在這個導言中，這樣，它們的那些不確定的條件，就不至於對權利的正確學說的確定原則帶來混亂的影響。

六、對那不確定的權利的補充說明[17]

從嚴格的意義來看，每一項權利都和一種強制的權限相結合。但是，還可以設想其他更廣義的權利，它們所具有的強制的權限不能由任何法律來決定。這類眞實的或假定的權利有兩種：衡平法和緊急避難權。第一種指的是沒有強制的權利；第二種則是沒有權利的強制。對這種不確定性，沒有一個法官能夠被派來對它做出判決，可是，它卻可以很容易地通過特定的事實：那些令人懷疑的權利案例，爲人所知。

（一）衡平法

衡平法，從客觀上看來，並不嚴格地構成一方對另一方提出仁慈的或慈善的道德義務要求的一項理由。但是，誰根據公平的理由堅持要獲得任何東西，就等於根據他的權利提出來的要求。在這種情況下，無論如何，尚缺少法官行使職責的必須具備的條件，使他可以決定用什麼，或者以什麼方式去滿足這種要求。例如一個商業公司，它是按相等的利潤條件組織起來的，但是有一位合夥人卻比其他成員做得多，結果他的損失也多，按照公平原則，他應該向公司要求得到比其他人員獲得的相等的利益額要多一點。可是，根據狹義的權利（法律）——假如我們設想法官如何考慮他的案件——法官提不出任何確實的資料能確定，根據契約他應該多得多少，作爲一宗法律訴訟案來看，這種要求會被駁回。又如一個家僕，說好在工作一年之後可以拿到工資，但是，由於這段時期貨幣貶值，於是，他所得到的工資不可能和他當初訂立契約時的價值相等了，如果他拿到的錢數與契約規定的相同，他不能根據法律來要求補償由於貨幣貶值所造成的損失。他只能根據公平的——一位啞女神，她不要求聽得到權利——理由提出要求，因爲在服務契約上對此沒有任何規定，一位法官不能按照含糊不清的或不能確定的條件做出判決。

由此而見，一個公平法庭爲了去判決這項有爭議的權利，會陷入矛盾。只有在關係到一個法官自己的正當權利的地方，以及在他能夠做決定的那些事件中，他才可以或應該聽取公平的聲音。那麼，如果國王的法庭接受懇求，對某人的損失，或者在服務中所受的損害給予補償，國王的法庭便可以負責這樣做，雖然根據嚴格的狹義的權利（或法理）來看，這種要求將會被拒絕，其託辭是締約雙方（或各方）在履行契約過程中，對偶然發生的損失要承擔他們各自的風險。

公平的格言可能是這樣：「最嚴格的權利（法律）是最大的錯誤或不公正。」但是，這種禍害是無法用權利（法律）的形式去消除的，雖然這涉及權利的問題；因爲由此產生的不幸，只能提交「良心的法庭」（Court of Conscience），[18]而任何權利的問題必須向民事法庭提出。[19]

（二）緊急避難權

所謂緊急避難權是一種假定的權利或權限，就是當我遇到可能喪失自己生命的危險情況時，去剝奪事實上並未傷害我的另一個人的生命的權利。很明顯，從權利學說的觀點看，這就必定陷入矛盾。因爲，現在的情況並不是有一個不法的侵犯者對我的生命進行不公正的襲擊，於是我便先下手剝奪他的生命。因此，這不是一個純屬溫和勸告的問題，即既不屬於作爲善德學說的倫理學的問題，也不屬於作爲權利學說的法理學的問題，這是允許使用暴力去對付一個沒有對我使用任何暴力的人的問題。

顯然，不能客觀地了解這種權利的推斷，即不能根據法律是怎樣規定的，而只能根據主觀的了解，也就是根據法庭對這個案件在這種情況下會怎樣判決。事實上沒有任何刑法會對下述的這樣一個人處以死刑：當一條船沉沒了，他正在爲了他的生命而推倒另一個人，使後者從木板上掉入水中，而他自己在木板上免於死亡。因爲法律懲罰的威嚇不可能比此時此刻害怕喪失生命的危險具有更大的力量。這樣一條刑法，[20]在此時完全失去了它所意圖達到的效力。因爲一個尚未確定的威脅——例如法庭判決死刑——不能超過對那種災禍的恐懼（例如在上述情況下，肯定會淹死）。但是，這樣一種爲了自我保存而發生的暴力侵犯行爲，不能視爲完全不該受到譴責，它只是免於懲罰而已。可是，這種豁免的主觀條件，由於奇怪的概念上的混亂，一直被法學家們視爲在客觀上也是合法的同義詞。

緊急避難權的格言可以用這樣一句話表達：「在緊急狀態下沒有法律。」但是，不能由於緊急避難而把錯誤的事情變爲合法。

很明顯，在審斷有關「公平」和「緊急避難權」時，牽涉到的不確定是產生於客觀條件和主觀條件的混淆，當人們從理性或從法律條文這兩個不同方面去考慮，在引用權利的原則時，肯定所持的理由就不相同。每一方自以爲有充分的理由可以去承認這是對的行爲，在（正義的）法庭看來，卻可能找不到相同的觀點；相反地，他認爲某種行爲本身必定是錯誤的，卻可能得到衡平法庭的承認。產生這種情況的原因是，在這兩種情況中，人們所持的權利概念不是一個而且也不具有同樣的含義。

權利科學的分類

一、權利的義務（法律的義務）的一般劃分

我們要是以一般意義來理解烏爾比安（Ulpian）的三個公式的話，那麼就可以大概按他的樣子來作劃分，只是他自己也沒明確地考慮過這種分法，但允許加以發展。下面便是那三個公式：

1. 「正直地生活！」法律上的嚴正或榮譽，在於與別人的關係中維護自己作爲一個人的價值。這項義務可以用下面的命題來表示，「不能把你自己僅僅成爲供別人使用的手段，對他們說來，你自己同樣是一個目的。」這項義務在第二個公式中將被解釋爲一種責任，它產生於我們自身的人性的權利。

2. 「不侵犯任何人」這個公式可以轉換成這樣的含義：「不侵犯任何人，爲了遵守這項義務，必要時停止與別人的一切聯繫和避免一切社交。」

3. 「把各人自己的東西歸給他自己」這句話，也可以改成另一種說法：「如果侵犯是不可避免的，就和別人一同加入一個社會，在那兒，每個人對他自己所有的東西可以得到保障。」——如果把這個公式簡化爲「對每個人給以他自己的東西」，那麼，這種表達可能是荒唐的，因爲我們不能把任何人已經有的東西再「給」他。如果這句話要有什麼明確的含義，它只能是這樣：「進入這樣一個狀態吧！在那兒，每人對他的東西能夠得到保證不受他人行爲的侵犯。」

上述三個古典公式，同樣是法律的義務體系分類的原則，把義務分成：內在的義務、外在的義務，以及那些聯合的義務。第三種義務包含第一種義務，而這又是把第一種義務的原則作爲小前提推演出來的。

二、權利的一般劃分

(一) 自然的權利和實在法規定的權利

從科學的理論體系來看，權利的體系分成自然的權利和實在的權利。自然的權利以先驗的純粹理性的原則爲根據；實在的或法律的權利是由立法者的意志規定的。

（二）**天賦的權利和獲得的權利**[21]

權利的體系又可以被看作是那種不言而喻的力量，即在道德上與他人交往時，可以作爲責任去約束他人的一種力量。這就是，在與他人的關係中，提供一種法律上的行動權限。從這個角度看，這個體系可以分爲天賦的權利（Innate Right）和獲得的權利（Acquired Right）。天賦的權利是每個人根據自然而享有的權利，它不依賴於經驗中的一切法律條例。獲得的權利是以上述法律條例爲根據的權利。

天賦的權利又可稱爲「內在的我的和你的」；因爲外在的權利必然總是後得的。

> **只有一種天賦的權利**，即與生俱來的自由。[22]

自由是獨立於別人的強制意志，而且根據普遍的法則，它能夠和所有人的自由並存，它是每個人由於他的人性而具有的獨一無二的、原生的、與生俱來的權利。當然，每個人都享有天賦的平等，這是他不受別人約束的權利，但同時，這種權利並大於人們可以彼此約束的權利。可見，這是每個人生來就有的品質，根據這種品質，**通過權利的概念**，他應該是他自己的主人。人，有一種公正的品性，自然地作爲**無可懷疑**的權利，因爲在他自己依法行事之前，他未曾對任何人做過不公正的事情。此外，每一個人對別人還具有一種天賦的一般行爲的權利，所以，他可以對其他人做出那些不侵犯他們權利的事情，或者，不拿走他人的任何東西，除非他們願意他拿走。例如單純的思想交流，去敘述任何一件事情或者允許某件事情，不論他是否出於眞誠或者毫無誠意，因爲這完全看其他人是否會相信或信賴他的話，[23]但是，所有這些權利或權限，已經全部包括在天賦自由的原則之內，而並沒有眞的和此自由原則有所不同，即使按照較高的權利類型，把這些權利作爲劃分了的幾部分。

把這樣的一種權利劃分法引用到自然權利的體系（所有這些權利都看成是天賦權利）之內的理由，不是沒有意圖的。它的目標是，一旦對後天獲得的一種權利發生爭辯時，以及出現下列兩種情況的問題時，或者對有關事實尚有懷疑，或者事實已經確實，但對有關的權利還有爭議時，就能夠更加有準備地提出論證。因爲，提出否認一項責任的一方（他可能負有責任而提出論據來），能夠有條不紊地提出他的天賦自由權利，作爲在各種關係中詳細的專門化的權利，並能公平地在這些關係之上建立各種不同權利的權限。

在天賦權利的關係中，因而在內在的「我的和你的」的關係中，不存在許多權利，僅僅只有一種權利。因此，權利的最高一級劃分，即天賦的權利和獲得的權利（顯然，這是兩個內容極不相等的部分），恰當地被放在了本書的序言之中。至於權利科學的次一級的分類，可以詳細地參閱外在的「我的和你的」之部分。

三、劃分權利科學的順序

自然權利體系最高一級的分類，不應該（但經常如此）劃分爲「自然的權利」和「社會的權利」（Social Right），而應該劃分爲自然的權利和文明的權利（Civil Right）。第一種權利構成私人權利；第二種爲公共權利。[24]因爲與「自然狀態」相對的是「文明狀態」而不是「社會狀態」。在自然狀態中，很可能有某種社會狀態，但是，在那裡沒有一個用公共法律來維護「我的和你的」、「文明」的社會結構。正是這種自然權利，從自然狀態的情況看來，特別稱之爲私人權利。全部的權利原則，將在私人權利和公共權利這兩個次一級的分類中加以說明。[25]

◆註釋◆

【1】德文本無此標題。——譯者

【2】康德把「法理學」和「法哲學」看成是不同層次的法學研究學科，他在這裡說的「純粹的權利科學」，可以理解為「法哲學」或「法的形而上學」。——譯者

【3】這一節也可以理解為「什麼是法律？」——譯者

【4】德文版為「是曾經怎樣說的」。——譯者

【5】據德文本，不是「體系」而是「法學理論」——即權利。——譯者

【6】這一段中的「行為」，在德文本均為「自由意志」。——譯者

【7】這一段的「有意識行為」，在德文版均為「自由意志」。——譯者

【8】在德文本，其文為「……而是在彼此自由意志的關係中，僅僅考慮形式」。——譯者

【9】這裡所說的權利的定義，也可以理解為康德關於法律的定義之一。——譯者

【10】德文本為：「能夠使一個人的意志選擇的自由與任何人的自由同時並存等等。」——譯者

【11】也可譯為「他對我是不公正的」。——譯者

【12】德文本為：「依法行事成為我們的準則，這是倫理對我提出的一項要求。」——譯者

【13】康德在前面都說「一條普遍法則」，這裡卻使用「諸法則」，很可能是筆誤。——譯者

【14】在德文本中直線、曲線和斜線三詞有加重符號。——譯者

【15】從我們所用的德文本看沒有這段話：「即人所共知的……緊急避難。」——譯者

【16】德文本中，在權利科學之前尚有「原本意義上的」形容詞。——譯者

【17】德文本無此數詞「六」，標題也不同，德文本是「權利科學序言附錄：論不確定的權利」。——譯者

【18】德文本在「良心的法庭」下有加重符號，英文本則無。——譯者

【19】衡平法的原意為公平，所以，在這一節中不能只譯為「衡平法」，最後一段中的「權利」，如理解為「法律」則更合邏輯。——譯者

[20] 指侵犯他人致死，則要被處死的刑法。——譯者

[21] 獲得的權利指後天獲得的權利。另外，德文本沒有（一）、（二）這兩個小標題。——譯者

[22] 德文本無「即與生俱來的自由」這半句話。——譯者

[23] 按習慣，所謂一件不真實的事，就是指講話的人有意地說謊或去欺騙別人（雖然這可能是出於他的態度輕率），因為這樣做會對他人不利，至少，如果有人信以為真地重複這些假說，也會成為他人的笑柄，認為他過於輕信。但是，從法律的角度看，所謂不真實，僅僅指那些直接侵犯他人權利的謊言，例如為一項已經履行過了的契約作虛假的辯解，這樣做，為的是剝奪他人的東西。這些概念的特徵，如此接近和類似不是沒有根據的，例如某人思想的一次簡單表達，它總是可以被別人拿來隨心所欲地去擺弄，結果是，他的聲望受到影響，會被人看成是一個說話不可信賴的人，差一點要當面羞辱他，稱他為說謊者。在此情況下，什麼是屬於法理學，什麼是專門屬於倫理學，它們的分界線是不容易被劃錯的。——康德原註

[24] 康德所說的「私人權利」和「公共權利」也相當於「私法」和「公法」。同一英譯者在康德的《永久和平論》（*Perpetual Peace*）文集中，就改譯為「私法」和「公法」兩詞。——譯者

[25] 德文本無此部分。——譯者

第一部分　私人權利（私法）[1]

那些不需要向外公布的法律體系

論一般外在的「我的和你的」的原則

第一章　論任何外在物作爲自己所有物的方式

1. 從權利上看「我的」的含義[2]

任何東西根據權利是「我的」，或者公正地是我的，由於它和我的關係如此密切，如果任何他人未曾得到我的同意而使用它，他就是對我的損害或侵犯。使用任何東西的主要條件就是對它的占有。

可是，一個外在物是我的，只有當這個外在物事實上不是在我的占有中，如果別人動用它時，我可以認爲這是對我的侵害，至此，這個外在物才是我的。因此，自己占有任何外在物是會自相矛盾的，如果「占有」這個概念不是有兩種不同意義的話，即作爲感性的占有（可以由感官領悟的占有）和理性的占有（可以由理智來領悟的占有）。同一個事物，對於前者，可以理解爲實物的占有；對於後者，則可以理解爲對同一對象的純粹法律的占有。

描述一個作爲「外在於我」的對象，可以簡單地說它僅僅是「與作爲一個主體的我是不同的，並且是有區別的」，或者說，它是「一個在我之外的物，並可以在別的空間或時間中找到它」。以第一種意義而言，占有一詞表示理性的占有；以第二種意義來說，[3]它必然指經驗中的占有。理性的或者只能用智力理解的占有，如果這種占有是可能的話，那麼，這種占有要看作不同於物質上持有或扣押。

2. 實踐理性的法律公設

把任何一個屬於我的意志選擇的外在對象[4]作爲我的（財產）是可能的。換言之，這個準則，如果要變成一項法則，便要達到下面的效果，即意志所能選擇的對象，其本身在客觀上必須是沒有一位主人的（作爲無主物），那麼，這個準則和權利是矛盾的。

我的意志選擇的一個對象，是我的力量範圍內我體力上能夠使用之物。現在，有些物，假定根據權利是我的，它們便應絕對不在我們的力量之內，或者換一種說法，依照普遍法則，去動用這些物便會是錯誤的，或者與所有人的自由不一致。按照這個命題，自由本身就會剝奪了意志選擇的作用，因爲它把可以使用的對象變成完全不可能使用的了。在實際關係中，就是由於把這些對象變成「無主物」而化爲烏有，儘管實際使用這些物時，意志的選擇，按普通法則和大家的外在自由，在形式上是協調的。現在，純粹實踐理性僅僅規定形式上的法律，作爲調整行使自由意志的原則。而且，這是純粹實踐理性撇開該對象的其他特性，只從意志活動的角度來看它的，即僅僅把此物看作是意志活動的一個對象。因此，對於這樣的一個對象，實踐理性不能絕對禁止使用它，因爲這種禁止會導致外在自由與它自身的矛盾。可是，我的自由意志的一個對象，既然它的用途處於我的力量之內，我便在體力上能使它按照我的意志成爲對我有某種用途的東西。這種情況有別於把此對象任由我隨意支配，這不僅意味著一種能力，而且也是自由意志的特殊活動。但是，如果僅僅要設想某種物作爲我意志的一個對象，只要充分意識到我已把它置於我的力量之內就足夠了。因此，把在我意志的自由行使範圍內的一切對象，看作客觀上可能是「我的或你的」，乃是實踐理性的一個先驗假設。

這個公設可以稱爲實踐理性的一條「允許法則」（Permissive Law），而給了我們一種特殊的權限，一種我們不能夠一般地從純粹的權利概念推演出來的權限。這種權限構成對所有其他人強加一項責任的權利，給他們的不是別的規定，而是規定他們不得使用我們自由選擇的某些對象，因爲我們早已把它們置於我們的占有之內。理性決意使這個允許法則成爲有效的原則，而且此法則作爲實踐理性而確實生效，這條法則通過這個先驗的公設，在實踐中便擴大了它的運用範圍。

3. 占有和所有權【5】

任何人，如果他想堅持有權利把一個物作爲他的（財產），他必須把該物作爲一個對象占有它。假如它不是該對象眞正的占有者或所有者，那麼，當別人未得到他的同意而動用該物時，不算構成對他的侵犯或損害。因爲，如果一物對他說來是一件外在物，而且他與該物沒有任何權利的關係，那麼，如果對該物有什麼影響，也不能把他作爲主體而影響到他，也不會給他造成任何不公正，除非他與該物有所有權的關係。

4. 外在的「我的和你的」的概念的說明

可以作爲我的意志選擇的外在的對象只有三種：

(1) 一種具有形體的外在於我的物；

(2) 別人去履行一種特殊行爲的自由意志；

(3) 別人與我的關係中，他所處的狀態。

它們相當於下列範疇：本體、因果、相互關係。它們根據自由的法則，構成我和外在對象之間的實踐上的關係。

A. 我不能把一個有形體的物或一個在空間的對象稱爲是「我的」，除非我能夠斷言，我在另一種含義上眞正的（非物質的）占有它，雖然我並沒有在物質上占有它。因此，我沒有權利把一個蘋果稱爲「我的」，如果我僅僅用手拿住它，或者在物質上占有它，除非我有資格說：「我占有它，雖然我已經把它從我手中放開，不管把它放在什麼地方。」根據同樣的理由，不能由於我躺在一塊土地上，便有資格說，這是「我的」。只有當我可以離開那兒，並能夠正當地堅持說那塊土地仍爲我所占有時，它才是我的。因爲任何人，在前一種經驗占有的情況下，都可能突然地從我手中奪走那個蘋果，或者把我從我躺著的地方拖走，當然，這樣的行爲，便在自由的內在的「我的」方面侵犯了我，但並不在外在的「我的」方面侵犯了我，除非我能夠堅持說我是占有此對象的，縱然在物質上我並沒有握住它。假如我不能做到這一點，那麼我既不能把那個蘋果，也不能把那塊土地稱爲是我的。

B. 我不能把另一人的意志行爲所做的工作稱爲「我的」，假如我只能說：「這種工作在某人做出許諾的同時已經爲我占有」，除非我能夠堅持說：「我占有了別人的意志，以便決定他去做某種特殊行動，雖然做這個行動的時間尚未到來。」在後一種情況下，這個許諾屬於那些確實被占有的物的性質，這樣的許諾（作爲一種積極的責任），我可以把它看作是我的。這種情況的好處在於，我不僅僅已經占有了那個許諾的物（如同前一種的情況），而且，即使在事實上我尚未占有它，它也是我的。因此，我們必須能夠在思想上認爲自己不依賴於那種經驗的（即受到時間條件限制的）占有形式，而仍然能夠認爲占有此對象。

C. 通常，我不能把妻子、孩子、家僕或其他什麼人稱爲「我的」，僅僅因爲他們是我的家庭成員，當前我可以命令他們，或者因爲他們受我的管束，並且在我的強力和占有的範圍之中。但是我可以稱他們爲我的，雖然他們可能已經離開了我的管束，因而在經驗上我已經並不占有他們，如果我們仍然能夠說：「我以我純粹的意志占有他們，不論他們在什麼時間和空間之中，因爲，我對他們的占有是純粹法律的占有。」只有當我能夠斷定這是一個權利的問題時，他們在事實上才屬於我所有的。

5. 外在的「我的和你的」的概念的定義

定義有詞語的或眞實的。[6] 一個詞語定義，就能夠充分地把定義的對象和其他對象區別開，並對該物的概念提出一種完整和明確的說明。一個眞實的定義要求能夠進一步對該定義的概念做出演繹，從而提供關於該對象實在的知識。[7] 外在的「我的」一詞的詞語定義可以這樣表達：「外在的『我的』（財產）是指在我自身之外的東西，凡是對我隨意使用它的任何妨礙，就是傷害我或對我不公正，就像侵犯我的（按普通法則能與他人自由並存的）自由一樣。」這個概念的眞實的定義，則可以這樣表達：「外在的『我的』（財產）是在我自己之外的東西，因此，誰阻止我去使用它就是一種不公正，我確實把它作爲一個對象擁有它，雖然我可能沒有占有它。」如果一個對象被認爲是我的，我就必須對該外在物具有某種方式的占有；否則，任何人干預這個對象時，不會因此影響我，因而，他不會對我有什麼不公正。

這樣根據第4點，如果認爲公正地存在著一種外在的「我的和你的」，那麼，理性的占有必須假定是可能的。經驗中的占有僅僅對該對象在可以感覺到的外表方面的現象的占有或持有而已，雖然我占有的那個對象，在這種實際的關係中，並不被看作是現象自身——根據在《純粹理性批判》中關於「先驗的分析」的說明——而把它看作是一自在之物（或物自體）。在《純粹理性批判》中，理性所關心的是事物性質的理論知識以及理性在這樣的知識中能夠深入到什麼程度。可是在這裡，理性必須根據自由法則去處理意志活動的實踐方面的決定，不論這個對象是可以通過感官去認識的，或者只能通過純粹理解力才能成爲可以想像的。我們所考慮的權利，如果從理性和意志（根據自由法則而活動）的關係而言，權利是理性的純粹實踐概念。

因此，人們說對這個或那個對象「占有著」權利，這種說法是不大正確的，因爲權利本身就是對一個對象的理性的占有，所以，去「占有一種占有」是一句沒有意義的話，應該這樣說：這個對象，爲一種純粹的法律方式占有了。

6. 純粹地在法律上占有一個外在對象的概念的演繹（占有的本質）

「一個外在的『我的和你的』如何成爲可能呢？」這個問題可以解釋爲另一個問題：「一個**僅僅是法律的或理性的**占有如何成爲可能的？」第二個問題又可解釋爲第三個問題：「一個關於權利的**綜合的**命題[8]如何先驗地成爲可能的？」

權利的一切命題——作爲法律上的命題——都是**先驗的**命題，因爲它們都是理性的實踐法則。但是，在**先驗的**法律命題中，關於經驗的占有則是**分析的**命題，因爲它不外乎是說，根據這樣的占有概念，通過矛盾的原則會產生什麼結果，這就是說，假如我是一物的持有者，以一種物理方式和它聯繫，若有人未得我同意而干擾它——例如從我手中奪取一個蘋果——就影響了和損害了我固有的自由，因此，他的行爲的準則是直接和權利的公理矛盾的。因而這個命題表明一種經驗中公正地占有的原則，不能超出一個人自身的權利。

另一方面，這個表明占有一個外在於我的物的可能性的命題，經過抽象，即撇開所有經驗占有中的時間和空間的條件，因而這個命題越過了這些限制的條件就可以得出「**占有的本質**」的可能性的假設。另外，這個命題堅持一種哪怕是沒有實物上持有的（作爲外在的「我的和你的」的概念必不可少的）條件，所以，這個命題便是一種**綜合的**命題。於是，問題變成，理性如何說明這樣的命題，當它的範圍超出經驗的占有的概念時，如何先驗地是可能的。

依據這樣的理由，以占有一定份額的土地爲例，這就是行使私人自由意志的方式，而並非一種**橫行霸道的**行爲。這位占有者是根據**共同**占有地球表面的天賦權利的，並建立在先驗地符合允許私人占有土地的普遍意志之上的，否則那些閒置的自在之物，將會變成與原來不同的東西，並且通過一種法則，成爲不能占用的對象。於是，第一個占有者通過最先的占有而最早獲得這個大地上的某一部分土地。根據權利，他反對任何他人來妨礙他私人使用這塊土地，雖然當時仍處於「自然狀態」，不能運用法律手段來做到這一點，因爲在此狀態中尚未存在公共的法律。

雖然一小塊土地應該被看成是自由的，或者被宣稱如此，於是便被所有的人不分彼此公共使用它，但這不能說在沒有任何法律行爲之前，這塊土地在性質上本來就是自由的。因爲如果是這樣，那麼，在這麼一塊土地上已經可能存在一種物權的關係，其理由是：事實上，任何個別的個人都不得占有它。由於這塊土地的公共自由的屬性，就可以禁止每一個個別的人去占有它，這種認爲土地是共同占有的假定，如果沒有契約就不能生效。一塊只能通過契約來使它成爲公共自由使用的土地，它必須事實上爲聯合起來的所有的人共同占有，他們彼此禁止或中止任何別人使用它。

這種共同占有土地和土地上所有物的原始社會是一種設想，它具有客觀的和實踐的、法律的現實性。它和那種虛構的最早的財物共同體社會的設想完全不同，那是一種因爲後者必須是以一種社會的形式建立起來的，而且必須產生於一個契約，根據契約，所有的人都放棄私人占有的權利，以致把每個人所占有的財產合而爲一，這就轉變成爲一種共同占有。如果曾發生過這樣的事，那麼，歷史必然會留下某些證據。把這種過程看作占有的原始方式，並且認爲每個個人的特殊占有可以而且應該由此而來，這顯然是矛盾的。

占有一塊土地，不同於僅僅把它作爲居留地，那種出於有意地一勞永逸地占有一塊土地的行爲，也不同於作爲開拓新居或作長期居住的土地，這兩種情況都屬於一種連續的私人占有一塊土地，條件是本人在此土地之上。在這裡我們不考慮這種戶籍的居住權問題，因爲這是第二步的法律行爲，它可能是隨著占有而來的，也許根本不會發生這樣的事情。所以，這樣的行爲與原始的占有無關，它僅僅是第二次的占有，來自他人同意的占有。

簡單的物質上的占有或占據土地，已經牽涉到對該物的權利的某種關係，雖然這明顯地，還不足使我能把它看作是我的。對別人來說，他們明白，這種簡單的物質上的占有，從外表上看是一種先占的占有，和外在自由的法則是協調的；同時，這種占有包含在普遍的原始占有之中，而原始占有先驗地包含著私人占有可能性的基本原則。因此，干擾土地的最先占有者或持有者去使用那塊土地，是對他的損害或不公正。最先取得占有的人，就因此取得一種權利的資格，這正是原始共同占有的原則。俗話說：「誰占有就歸誰所有」，因爲誰也沒有責任對他的占有做出判決。這句俗話就是自然權利的原則，而此原則確定取得占有的法律行爲，也作爲每個首先占有者可以依賴的獲得的根據。

在《純粹理性批判》中，我已經說明在先驗的理論原則中，必須補充一種先驗的直覺觀念，使它與任何已知的概念相聯繫。因此，如果這是一個純粹的理論原則問題，就可能不得不對占有的概念添加一個（占有）對象，去使這個原則變成眞實的。不過，若分析實踐原則，其程序恰好與理論的過程相反，所以，必須抽掉或撇開構成經驗占有基礎的一切感性條件，爲的是把法律占有的概念範圍擴大到超出經驗領域之外，這也是爲了可以運用這個公設，即每一個我意志的自由活動的外在對象（我已經把它置於我的強力之內，雖然我沒有實際占有它），可以在法律上被認爲是屬於我的。

這樣的一種占有的可能性，即一種非經驗性占有概念的自然推論，是建立在實踐理性的法律公設之上的。這個公設是：「承認一個外在的和有用的東西可能爲某人所占有，或者變成他的財產，在行動上按此原則對待他人是一項法律的義務。」這個公設與下面一個概念的說明有聯繫，該概念是：那個外在的是某人的東西，不是建立在物質的占有之上。這樣一種占有的可能性縱然能被設想，但卻不能被證明，或者，憑此概念自身便可以被理解，因爲可能性是一種理性的概念，對它不能提供任何經驗的感性認識，可是，當這個公設一旦被闡明，它的可能性就會作爲一個直接的推論。因爲按照這個法律原則行動是必要的，那麼，純粹法律上占有的理性狀態或者智力狀態，必須同樣是可能的。所以，人們用不著驚訝，那些有關外在的「我的和你的」原則的理論，在純粹智力理解中看不到，而且這種理論也不能擴大認識，因爲這些原則所依賴的自由概念，並不承認對純粹法律上占有的可能性的任何理論推演，自由概念只能從理性的實踐法則來推斷，作爲事實來看，理性的實踐法則被稱爲絕對命令（Categorical Imperative）。

7.外在的「我的和你的」可能性原則在經驗對象中的運用

純粹法律占有的概念不是經驗的概念，不依賴空間和時間的條件，它卻具有實踐的眞實性。由於這種概念必須能夠被運用到經驗的對象中，有關這些概念的認識是獨立於空間和時間之外的。通過理性的程序，權利的概念被引進到與這類對象的關係之中，以便構成外在的「我的和你的」的可能性。理性的程序如下：權利的概念，由於它僅僅包含在理性之中，不能直接地應用到經驗的對象之中，故無法因此得出一個經驗占有的概念，但是，它必須直接被應用到一個可以理解爲中間性的、一般的占有概念裡。因此，要用另一種概念去取代物質上的持有（作爲經驗占有的表述），那就是通過心靈可以想像的、撇開一切空間和時間條件的抽象的概念或擁有（having）的思想，只有具備了這樣的理解，一個對象才能在我的權力之中並任由我處置。在這種關係中，「外在」一詞並不表示它是存在於我所在的地方之外的另外一個地方，不是表示我的決定和接受是在我得到一提供物的那一瞬間之外的另一個時間，它只是表明一個對象不同於我自己，或者是在我之外的事物。現在，實踐理性通過它的權利原則，決意這樣：我將認識到「我的和你的」被應用到諸對象時，不是根據那些感官的條件，而是撇開這些條件以及由這些條件所表示的占有，因爲這些條件令人想到意志活動的一些決定，這些決定都是符合自由法則的。因爲，只有一種理智上的概念，才能概括在理性的權利概念之下。所以，我可以說我占有一塊土地，雖然我並不是確實站在它上面，而是站在另一塊土地上。現在的問題並不考慮對該對象的一種智力上的關係，而是我在實踐上把該物置於我的力量之中並任由我處置，這是一種透過上述認識而實現了的並與空間無關的占有概念。它之所以是我的，因爲我的意志在決定對它做任何特殊利用的時候，不與外在自由法則相牴觸。現在，正是由於撇開了實物上的占有（即我自由意志在感性方面的占有），於是，實踐理性決定：根據智力上的概念（它們不是經驗的，卻先驗地包含理性占有的諸條件），理性的占有將被人理解。於是，正是在這種事實中，我們發現了這種理性占有概念有效性的根據，並以此作爲普遍有效的立法原則。這種立法被包含和保留在「這個外在的對象是我的」的表述中，因爲這樣一來，就把一種與此對象有關的責任加給其他所有的人，否則，他們不會受到約束而去使用這個對象。

於是，我享有某種外在於我的東西作爲我的（財產），這種模式包含著主體的意志與該對象之間的特殊的法律聯繫；此模式與該對象在時間上和空間上的經驗狀態無關，卻與理性占有的概念一致。地球上某一塊土地並不因爲我用身體占據它便外在的是我的，因爲這件事僅僅涉及我的外在的自由，因此，這種自由只影響到我自身的占有，這並不是外在於我的物，所以，這只是一種內在的權利。可是，如果我有資格繼續占有這一小塊土地，那麼，即使我離開它到了別的地方去，它仍然是我的，只有在這種情況下，我的外在權利才與這塊土地發生聯繫。如果繼續占有那一小塊土地的條件是我人身對它的占有，那麼就必定得出這樣的結論：要麼聲明把任何外在的東西據爲己有是根本不可能的，這與第2點中所說的公設相矛盾；要麼爲了使這種外在占有成爲可能，就要求我必須同時身在兩個地方。可是，這等於說，我必須在一個地方而同時又不在那裡，這是矛盾的和荒謬的。

這種見解也許可以適用於我已經接受了一項許諾的例子。由於我已經擁有和占有那個已經許諾給我的東西，這種擁有和占有變成建立於外在權利的基礎之上。[9]這種權利並不能由於許諾者曾經說過：「此物將是你的」，後來他又說：「我現在的意思是，此物將不是你的」而被取消。因爲在這種理性的權利關係中，諸條件依然一樣，只是許諾者好像做了兩次（它們之間沒有任何時間上的間斷）意志的表白：「這個將是你的」，以及「它將不是你的」，很明顯，這是自相矛盾的。

同樣，理性的占有還支持對人的法律占有的概念，即把人列入「擁有」的對象，不論他是妻子、孩子或者是僕人。那些涉及一個家庭的權利關係，以及所有家庭成員互相占有的權利關係，都不能由於他們彼此可能在空間上分離而被取消，因爲這是通過法律的關係，他們彼此聯繫著。而外在的「我的和你的」，像前面的例子中那樣，完全依賴於純粹理性占有可能性的假設，而不用附加實體上扣押或持有這個現象。

由於用來闡明這種占有形式的那些命題自相矛盾，理性被迫批判它在法律實踐上的作用，特別是關於外在的「我的和你的」概念。因爲這些命題引起了一個不可避免的辯證關係，在其中，正命題和反命題都提出同樣的要求，要求兩個相反的條件都有效。理性因此被迫在它的實踐作用與權利的關係中（正如在它的理論作用中）去區別：呈現於感官的可感知的現象的占有，以及理性的並只有通過智力才能設想的占有。

正命題——在這種情況下，正（命題）是：「有可能使某個外在物成爲我所有，雖然我並沒有占有它。」

反命題——反（命題）是：「不可能使任何外在物成爲我的，如果我沒有占有它。」

解決命題——解決（命題）是：「兩個命題都是眞的。」前一個命題，我指的是經驗中的占有；後一個命題，通過同樣的條件，我理解是一個純粹理性的占有。[10]

但是，一種理性占有的可能性，以及由此而來的一種外在的「我的和你的」的可能性，不能從直接的觀察中去認識，它必須從實踐理性中推演出來。在這樣的關係中，特別值得注意的是，實踐理性在沒有直覺的感性知識，甚至在沒有要求具有諸如一種先驗的要素的情況下，能夠通過僅僅排除經驗的條件，而擴大它的範圍，並爲自由法律所證明是有理的，從而能夠建立起先驗的綜合命題。這種理解，在實踐方面的證明（在後面將會論及），可以在一種分析的方法中推斷出來。

8.要使外在物成爲自己的，只有在法律的狀態中或文明的社會中，有了公共立法機關制定的法規才可能

如果我在言或行中聲明我的意志是：某種外在的東西是我的，這等於我宣布，任何他人有責任不得動用我對它行使了意志的那個對象。如果我這一方沒有這種法律行爲，那麼，這種強加於人的責任是不會爲他人所接受的。可是，還要假定我做出這樣行爲的同時，還包含著我必須承諾也不侵犯任何別人占有的、外在的屬於他人的東西。因爲這裡所說的責任，產生於規定外在法律關係的普遍法則，因此，我對他人宣布，那外在的是他人的東西，我沒有責任不去動用它，除非其他的人都同樣地，根據同樣的原則，保證不去動用屬於我的東西。這種互不侵犯屬於別人的東西的保證，並不需要特別的法律條文來使其生效，而是已經包含在一種權利的外在責任的概念之中，因爲這種普遍性以及由此而來的相互間的責任，是從普遍法則產生出來的。一個單方面的意志對一個外在的因而是偶然的占有，不能對所有的人起到強制性法則的作用，因爲這可能侵犯了與普遍法則相符合的自由。所以，只有那種公共的、集體的和權威的意志才能約束每一個人，因爲它能夠爲所有人提供安全的保證。當人們生活在一種普遍的、外在的以及公共立法狀態之下，而且還存在權威和武力，這樣的狀態便稱爲文明狀態。可見，只有在文明的社會才可能有一種外在的「我的和你的」。

推論結果——作爲必然的結果，就是：如果法律上讓人有可能去擁有一個外在物作爲自己的東西，那麼，必須允許這個占有的主體（個人）去強迫或強使每一個有可能和他在「我的和你的」占有問題上發生爭論的人，共同進入文明社會組織的關係之中。

9.在自然狀態中也可能有外在的「我的和你的」的事實，但只是暫時的

在文明社會組織中[三]的自然權利，是指這樣一些權利的形式：它們可以從一些先驗的原則推演出來，作爲這種（文明）社會組織的諸條件。因此，自然權利不會被這樣一個社會組織制定的法規所侵犯，同時，下面的法律原則仍然有效，這個原則是：「不管誰依照哪一種準則去行動，如果此準則使我不能把那個我對一個行使了我的意志的對象作爲己有，那麼，他就是對我的損害或侵犯。」只有文明的社會組織才是這種法律狀態，在此狀態下，每個人對屬於他的東西才有保證，這不同於把一件東西特別分配給他和決定分給他的情況。因此，所有的保證，就是假定對每一個人來說，他已經占有的東西（作爲他的所有）得到了保證。因此，在文明社會組織之前——或把它排除在外——一個外在的「我的和你的」必須被認爲是可能的，並且還假設有一種權利去強迫所有可能與我們發生任何來往的人，一起進入一個社會組織，在其中「我的和你的」能夠得到保證。這也許正是一種人們盼望的占有，或者爲這樣一種安全狀態作準備，這種占有只能建立在公共意志的法律之上。因此，在文明社會之前的占有，要和這種狀態的可能性相一致，它構成一種暫時的或臨時的法律占有；而這種占有在文明社會狀態中將成爲實際存在的、絕對的或有保證的占有。一個人在進入文明狀態之前（他是自然地不自覺地爲這種狀態作好準備），每個人可以公正地反對那些不願改變自己來適應文明社會組織

的人，並且反對那些干擾他取得暫時占有的人。因爲，如果除他外，所有人的意志都強加給他一種責任，禁止他去侵犯某種占有，這仍然是單方的或片面的意志，結果是，這種意志沒有什麼法律的資格——這種資格只能正確地建立在普遍意志之上——去爭奪一種權利，作爲他必須去維護的權利。不過，他仍然可以在他這一方獲得好處，只要他依照要求的條件去傳播和創立一個文明社會。總之，那種在自然狀態中可以把任何外在物看作某人自己占有的方式，恰恰是帶有權利設想的、有形的占有。這種占有方式，透過把所有人的意志聯合起來，在公共立法中被規定爲法律的占有；在這樣的盼望中，那種在自然狀態中的占有比較地說來，是作爲一種潛在的法律占有。

這種權利的特權，由於來自經驗占有的事實，則與下述公式相符：「現在的占有者好處多。」（或誰占有歸誰所有。）上述特權並不和下面的事實相一致：由於事先假定占有者是一位合法的人，他就沒有必要提出證據，證明他是合法地占有某物的，因爲，只有對有爭議的權利才提出這種要求。但是，由於這種特權符合於實踐理性的公設，每一個人都被授予一種可以把外在物（他已經對此物施加了他的意志）作爲他自己所有的能力。其結果是，一切實際的占有是這樣的一種狀態：他的占有的合法性，是通過一個在此之前的意志行爲而建立在此公設之上的。這種行爲（如果同一對象不存在更早的占有者，沒有人反對這種行爲），就可以暫時地證明我有理，而且我有資格按照外在自由的法則，去約束任何拒絕和我共同進入一種存在公共法律的自由狀態的人，不讓他們用一切藉口來使用這樣一個對象。這樣的程序之所以需要，因爲它與理性的公設相符，於是，我便能正當地使用一外在物，否則，將會實際上被取消此物的一切正當使用。

第二章　獲得外在物的方式

10. 外在獲得的一般原則

當我行動起來獲得一物，於是它變成我的。當一外在物最初變成是我的的時候，甚至用不著附加法律的行動。一個最初的和原始的獲得，是指這種獲得不是取得別人已占爲己有的東西。

不存在什麼原來就屬於我的外在物。可是，當一外在物尚未爲他人所有時卻可以爲我原始地獲得。「我的和你的」的共有狀態，不可能設想是原來就有的狀態。如果外在物成爲這樣狀態，必定是由於一種外在的法律行爲，儘管可能存在著一種對外在物原始的和共同的占有。[12]哪怕我們假定有一種狀態，在這狀態中「我的和你的」原來就是共有的（就像一種原始共用財產的狀態），但它還是必定有別於設想爲財物公有的遠古的公社。有時候人們假定這種財物公有是在人們之間初期建立的權利關係，但這種情況不能看作像前一種狀態那樣是建立在原則之上的，它只是建立在歷史之上的。即使在此條件下，歷史上的共用，一種假設的遠古社會的共用，它也始終要被看作是被取得的和派生的。

外在獲得的原則，可以這樣表達：「無論是什麼東西，只要我根據外在自由法則把該物置於我的強力之下，並把它作爲我自由意志活動的對象，我有能力依照實踐理性的公設去使用它，而且，我依照可能聯合起來的共同意志的觀念，決意把一物變成我的，那麼，此物就是我的。」

構成原始獲得程序的實踐因素是：

(1) 掌握住或抓住一個不屬於任何人的對象。因爲，如果它已經屬於某人，那麼，根據普遍法則，這種行動可能就與他人的自由衝突。這是我的意志在空間與時間之中自由活動去實現占有一個對象，由於我自己參加這種占有活動，從而這種占有便變成可以感覺到的或有形的占有；

(2) 我透過正式的表示，宣布我占有某個對象，並用我自由意志的行動，去阻止任何人把它當作他自己的東西來使用；

(3) 占爲己用，在觀念上，作爲一種外在立法的共同意志的行爲，根據這種行爲，所有的人都有責任尊重我的意志並在行動上和我意志的行動相協調。

在獲得的過程中，最後一個因素的有效性（例如：「這個外在對象是我的」的結論就依據這種有效性），就會使得這種占有（作爲純粹理性的和法律的占有）生效。它是建立在這樣的事實上，由於所有的行動都是法律的行爲，因而它們是從實踐理性中產生的，所以，在什麼是權利的問題中，占有的經驗諸條件可以撇開不管，結論是：「這個外在對象是我的」之所以是正確的，那是因爲由占有，從可以感覺到的外在事實的占有，變成根據內在權利的理性占有。

原始的最先獲得一個外在的對象（一個意志行爲的對象），稱之爲占領，這只能對實物或有形物發生。如今，有個外在對象確實按這種方式被占領了（作爲經驗占有的條件），那麼，這個占領行動就事先假定，它在時間上發生於其他任何人也想去占領它之前。由此產生一條法律的格言：「誰在時間上占先，在法律上也占先。」這種作爲原始的或最先的占有，仍然是單方面的意志的作用，萬一有兩個人或兩方的意志要求獲得它，在這種情況下，占領的問題就要通過雙方或更多的人，從彼此訂立的契約中推定。這樣一來，就要根據他人或其他的人們，把那些已經爲他或他們使其成爲自己所有的東西做決定。可是，不易弄清楚，這樣一種自由意志的行爲，在此情況下，如何能夠眞的形成一個基本原則，可以讓每一個人擁有他自己的東西。第一次獲得一物，從這種觀點看，無論如何，這和對該物的原始獲得並不完全是一回事。因爲，在公共法律狀態下（所有人的意志通過普遍的立法而聯合爲一）的獲得，可能是這樣的一種原始獲得，因爲看不出有其他占有方式能夠發生在此方式之前，雖然這種獲得可以從所有個人的個別意志引申出來，後來卻成爲所有方面的或者全方位的意志，因爲正確的最初獲得，只能從某一個人的或單方面的意志開始。

外在的「我的和你的」獲得的主體[13]分類

(一)關於獲得的客體[14]的問題，我獲得的或者是一個具體的東西（實體）；或者是另一個人的勞務（因果）；或者是對另一個人（就他所處的狀態而論），我有權（在我和此人的相互關係中）去指揮他。

(二)關於獲得的方式或形式，它或者是物權；或者是對人權；或者是物權性的對人權，即占有一個人，好像他是一個物，雖然不是把他作爲物來使用。[15]

㈢關於獲得的權利的根據或者獲得的資格（說得準確些，這種權利並非權利分類中的特殊一項，毋寧說它是行使各種權利的方式的組成要素），任何外在物可以通過某種意志的自由行使而被獲得，共有三種情況：單方面的，作爲單獨意志的行爲（事實）；或者雙方面的，作爲兩個意志的行爲（契約）；或者全方位的，作爲整個社會的全體意志的行爲（法律）。

第一節　物權的原則

11. 什麼是物權？

物權的通常定義，或「在一物中的權利」的定義是：「這是一種反對所有占有者占有它的權利。」[16]這是一個正確的詞語的定義。但是，對任何一個外在的對象，當任何人可能作爲它的占有者出現時，什麼東西使我有資格要求占有此對象，並且經過辯護強迫別人讓我替代他的地位重新占有它？我的意志所表現的這種外在的法律關係，是不是一種對一個外在物的直接關係？如果是這樣，那麼，不論是誰，如果他想像他的權利不是直接對人的而是對物的，他就會這樣描述，雖然只能用一種相當模糊的方式作近乎如下的描述：一方有權利，另一方就總是會有相應的義務，於是一個外在物，雖然它不在第一個占有者手中，但透過一種連續性的責任，仍然與他連結起來；因此，它拒絕任何其他的人再成爲它的占有者，因爲它已經爲另一人所約束。這樣一來，我的權利，如果把它看作一種附著於一物的良好特性，並保護它不受任何外來的襲擊，那麼，它（我的權利）就會把一個外來的占有者給我指出來。設想有一種人對物的責任，或者物對人的責任，這是荒唐的，雖然在任何特殊情況下，可以允許通過這樣一類可以感覺到的形象，提出這種法律關係，並用這種方式去說明這種法律關係。

可見，物權的眞正的定義應該是這樣：「在一物中的權利就是私人使用一物的權利，該物爲我和所有其他的人共同占有——原始的或派生的。」因爲只有依照這唯一的條件，我才可能排除其他占有者私人使用該物。因爲，除非先假定這樣一種共同集體占有，就不可能設想出當我並不眞正占有一物時，又如何能夠在他人占有並使用它時，便構成對我的損害或侵犯。通過我自己意志的個人行爲，我不能迫使其他任何人承擔責任不去使用一物，相反地，他對此物毫無責任，因此，這樣的一種責任，只能產生於大家聯合成集體意志的共同占有關係中。否則，我便必然會設想一種在一物之中的權利，好像該物對我有一種責任，而且這個權利，作爲反對任何人占有它的權利，還必須從此物中的責任派生出來，這是一種荒唐的用來說明此問題的方式。

此外，物權一詞的意義，不僅指「在一物中的權利」，它還是所有與眞正「我的和你的」有關的法律的基本原則。很明顯，如果在這個地球上僅僅只有一個人，那麼，正確地說，既不可能有，也不可能獲得任何外在物作爲他自己所有。因爲在他（作爲一個人）和外在物（作爲物質對象）之間，不可能有責任的關係。因此，嚴格地說，在一物內沒有什麼直接的權利，而只有這樣一種可以正確地稱爲「眞正」的權利，它作爲反對人的權利，屬於每一個人，他和所有其他的人一樣，在文明的社會狀態中，共同占有諸物。【17】

12.第一種獲得物只能是土地

這裡所說的土地要理解爲所有可以居住的土地。對於土地上一切能夠移動的每一件物來說，土地被看作是本體；那些可以移動的物的存在模式被看作是土地的一種固有屬性。從理論所承認的見解看來，這些偶然存在物不能離開它們的本體而存在，所以，在實際關係中，在土地上能夠移動的物不能認爲屬於任何人，除非假定他以前已經在法律上占有那塊土地，如果這樣，就可以考慮那些東西是屬於他的。

先假定土地不屬於任何人。那麼，我便會有資格從土地上搬走所有可以移動的東西，哪怕土地上所有的東西都消失，爲的是占領這塊土地，而不至於侵犯任何人的自由，但是必須有個前提，即這塊土地根本不存在所有者。每一種可以被毀掉的東西，如樹木、房子等等——從它的質料看至少如此——都是可以移動的，如果一物除非毀壞它的形狀，否則不能移動，我們稱之爲不動產，在此物中的「我的和你的」不能理解爲可以適用於此物的本體，只適用於附屬於本體的東西，以及那些主要地不是構成此物自身的東西。

13.每一部分土地可以原始地被獲得，這種獲得的可能性的依據，就是全部土地的原始共有性

這個命題第一條條款是建築在實踐理性的公設之上（見第2點）；其第二條條款是由下面的論證構成。

所有的人都原始地，在出現自由意志的法律行動之前，都正當地占有了土地。這就是說，不管大

自然或偶然機會，不顧人們的意志，把他們置於何處，他們都有權在那裡生活。這種占有（它與作爲一種有意識的、獲得的、**永久**占有居留地是有區別的），由於地球上所有地方的人彼此都有接觸而變成**共同的**占有。如果大地是遼闊無邊的大平原，人們就可以分散開，用不著建立必要的彼此交往，社會性的團體也不會必然地在地球上存在。既然這種占有對所有地球上的人都是合適的，並且是在特定的法律行爲之前發生的，這種占有便構成一種**原始的共同**占有。這種原始的共同占有諸物的概念並非來自經驗，亦不受時間條件約束，因爲這是在眞實歷史中**遠古社會**的一種想像的、無法證明的設想的占有。因此，它是一種理性實踐概念，它自身包含唯一的依據就是：人們可以根據權利的法則，使用他們偶然占據的地球表面的那塊地方。

14. 這種原始獲得的法律行爲是占據

採取占有的行動，開始於對一個在空間的有形物在物質上的據爲己用，並能夠和所有人的外在自由的法則一致，唯一的條件是，這個行動在時間上是**最早的**。在這種關係中，此行動（作爲意志的自由行使）在取得占有的方式中，務必具有第一次行動的特性。這種意志的活動，由於它決定著一物——這裡是指在地球的表面上特定的分割出來的地方——應該是我的，又由於它是一種據爲己用的行爲，在此種情況下，原始獲得只能是個人的或**單方面**的意志活動。現在，占據是透過個人的意志行爲對一外在對象的獲得。因此，對這樣一個對象（作爲有限的一塊土地）的原始獲得，只能通過一種占據行爲來完成。

按照這種方式去獲得的可能性，絕不可能直覺地爲純粹理性所領會，也不能由它的原則來建立，它只是從實踐理性的公設中推論出的一個直接結果。作爲實踐理性的意志，無論如何，它無法證明外在的獲得是正當的，除非這種意志自身被包含在一種絕對權威的意志之中，並且是有意結合起來的。或者，換句話說，除非它有被包含在所有人的（他們彼此在實踐中發生了關係的）意志的聯合體中。因爲個人的單方面意志——這同樣適用於兩方面的或其他個別的意志——不可能把一種責任（它自身是偶然的）強加給大家。要做到這一點，就需要一種全體的或普遍的意志，它不是偶然的而是先驗的，因而，它必須是聯合起來的和立法的意志。只有根據這樣的原則，每個人積極的自由意志才能夠和所有人的自由協調一致，這樣才能夠存在一般的權利，或者，甚至一個外在的「我的和你的」的權利也可能存在。

15.只有在一個文明的社會組織中，一物才能夠被絕對地獲得，而在自然狀態中，獲得只是暫時的

建立一個文明的社會組織，作爲一種義務，在客觀上是必要的，雖然在主觀上，它的實現是偶然的。因此，它與眞正自然的權利法則相聯繫，一切外在的獲得都受這種法則所制約。

我們已經說明經驗獲得的資格，[18]是通過採取實物上的占有而構成的，並且是建立在一個人人對土地都有權利的原始公社之上的。由於可感覺的有形占有必須與權利的理性占有的概念相一致，所以，必須有符合於實物占有行爲的、理性占有的模式，這種模式排除了空間上和時間上一切經驗性的條件。這種理性的占有形式提出了這樣的命題：「不論什麼東西，當我依照外在自由和意志的法則，

我決意把它置於我的強力之下，使它將屬於我的，便成爲我的。」

因此，理性獲得的資格，從根本上說只能存在於所有人的意志不明顯地聯合起來的觀念之中，或者是必須聯合起來的，在這裡聯合是心照不宣的假定，並作爲一種必不可少的條件。因爲，單方面的意志不能給他人強加一種責任，他們也不會受此責任的約束。但是，如果眾人的意志確實地並普遍地聯合在一個立法中，那麼，這個事實就構成文明的社會狀態。因此，只有和文明的社會狀態的觀念相符合，或者是根據這種觀念和這種觀念的實現，外在物才有可能被獲得。在這種狀態實現之前，如果可以從別的地方推演出一種獲得，那只能必然地是暫時的。絕對的獲得，只能在文明狀態中才可以找到。

可是，這樣的暫時的獲得是眞正的獲得。因爲根據法律上實踐理性的公設，不論在什麼狀態下，人們可能偶然地彼此相鄰而居，即使在自然狀態中也會如此，獲得的可能性就是私人權利（或私法）的一個原則。根據這個原則，任何人可以有理地或有資格去行使一種強制措施。僅僅根據這種強制措施，人們就有可能脫離自然狀態而進入一個文明的社會狀態，只有在這種狀態中，才能讓所有的獲得物成爲絕對的占有。

有一個問題，占有土地的權利可以延伸多遠呢？答案是：就是他的力量所及的範圍，即在他所能保護的範圍之內，他願意占用多少都可以。好像土地在說：「如果你不能保衛我，你就不能指揮我。」這樣一來，必須解決關於什麼是自由海域與封閉海域的爭論。那麼，在大炮射程內，不允許任何人有權闖入已經屬於某一國家的海岸去捕魚或蒐集琥珀或其他類似的東西。進一步還要問，「要獲得土地，是否一定需要透過建築、耕種、排灌等等來經營這塊土地？」不需要，因爲這些特殊措施的形式，都是偶然的，它們不構成直接占有的對象。這些措施，只能是屬於主體（土地）的，因爲這些措施的實體（土地）早已被承認是屬於他的。當第一次占有一物尚成爲問題的時候，透過勞動去排灌或改變土地原狀的措施，除了表示這塊土地已經被占有這一事實的外在標誌而外，並沒有更多的含義，而這種表示可以用很多其他省事的辦法去表達。另一個問題：「任何人在取得占有的行爲中，如果有兩個競爭者，其中每一個人都不能得到優先的權利，因而占有行爲中止，那麼，這塊土地是否可以永遠是自由的而不屬於任何人呢？」絕對不能如此。不允許這樣的制止行爲發生，因爲上述二人中的第二個人，如果他能夠這樣做，他自己也必然是站在鄰近的另一塊土地上，在那塊土地上，別人也可以按同樣的理由制止他去占有，這種無限制的制止行爲，會陷入自相矛盾。可是，有一種情況卻與占領的權利很一致，例如，有一塊中間地帶，讓它閒置不用作爲中立地帶，把相鄰的兩個國家分隔開；可是，即使在這樣的條件下，這塊土地實際上屬於兩國共同所有，並非沒有一個所有者，正是由於它可以爲雙方所使用，而把兩國分開。再一個問題：「在一塊尚未有人占據它作爲己有的土地上，是否有人可以把此土地上的某種物品作爲他自己的東西？」可以。例如在蒙古，任何人都可以在土地上存放他的各式各樣行李，或者把他跑散的馬拉回來，因爲整塊土地，一般說來，屬於人民（共同所有），因此，土地的使用權屬於每個個人。可是，任何人想把在另外一個人土地上的可以移動的東西變成他自己所有，只有透過契約才有可能。最後一個問題：「兩個相鄰的民族或部落，當一個民族或部落打算強迫另一個民族或部落按某種模式去使用一塊特定的土地時，後者是否可以反抗，例如一個狩獵的部落打算讓一個放牧的部落也去狩獵，或者一個放牧的部落強迫一個務農的部落去放牧等等？」當然可以反抗。因爲各民族或部落在地球上如何安排他們自己的生活方式，只要是在他們自己的邊界內進行，便僅僅是一個他們自己一方是否樂意和選擇的問題。

人們還可以進一步提問：當既非自然的，亦非偶然的，只是由於我們自己的意志而把我們帶進與另一個民族爲鄰的關係中，如果這個民族不答應和我們共同進入一個文明的聯合體，那麼，我們是否便自認爲有資格，在任何情況下可以使用武力去建立這樣一個聯合體，把這些人，例如野蠻的美國印第安人（Indians），西南非洲的霍屯督族人（Hottentots），新荷蘭特族人（New Hollanders）等帶進法律的狀態中？或者——如果情況不很好——我們是否可以透過騙人的交易等辦法去建立殖民地，於是變成他們的土地的所有者，而且一般說來，不考慮他們的第一次占有，只是任意利用我們對他們的優勢去達到這個目的？還有，是否可以堅持：自然界自身，由於厭惡空虛，好像要求這樣一個進程，否則，在另外一些大陸上的大部分地方（現在都壯觀地住滿了人），會是另一個樣子，到現在還沒有爲文明的居民所占有，而且說不定會一直維持那種原來狀態，是否這樣一來，（上帝）創造（世界）的目的就會遭到挫敗？對這些問題，幾乎沒有回答的必要。因爲，所有這些站不住腳的不公正的謊言，都是容易被看清楚的，正如陰險的耶穌會教義所說的，一個善的目的可以把任何手段都變成有理的。因此，這種占有土地的方式應該受到譴責。

外在的可以被獲得的那些對象，在量的方面的不確定性，猶如在質的方面一樣，使得決定那一次獲得是唯一原始占有外在對象成爲非常難於解決的問題。無論如何，必須存在某人首先獲得一個外在對象，因爲，並非一切獲得都是派生的。所以，這個問題不能由於無法解決，或者由於這個問題本身不能存在而不加以考慮。如果這個問題透過原始契約而得到解決，那麼，除非這個契約可以擴大到包括整個人類，否則，即使根據原始契約，其獲得仍然只是暫時性的。

16.最初獲得土地的概念的說明

所有的人原來都是共同集體地占有整個地球上的土地，他們按自然賦予各人自己的意志去使用它。但是，考慮到一個人的自由意志，和另一人的自由意志在行動上的對立，根據自由意志的本性，這是不可避免的。假如每一個人的意志不同時承認一條法則，一條可以來調整所有人的意志在行動上的關係的法則（根據這條法則，可以規定每一個人在公共土地上的特殊占有），那麼，對土地的一切使用，就會受到妨礙。這條法則是法律的法規。但是，「我的和你的」的分配法規（可以適用於在這塊土地上的每一個人），根據外在自由的公理，只能開始於一種最初聯合起來的先驗的意志（不用事先假定任何法律行爲作爲這個聯合的條件）。這個分配法規，只能在文明的狀態中形成，因爲只有在這種狀態中，聯合起來的公共意志才可以決定什麼是公正的，什麼是法律上的，什麼是權利的憲法。根據文明狀態來看，建立和打算建立文明狀態之前，對每個人來說，只有一種暫時的義務去依照那外在獲得的法則辦事。因此，這是行使意志一方的法律程序，他給每個人規定了責任去承認他占有的和占用的行爲，雖然這僅僅是單方面的意志。所以，暫時獲得土地，以及這種獲得的一切法律後果，在自然狀態中也是可能的。

但是，這樣的一種獲得，在決定法律上可能占有的界限方面，需要並且也得到許諾法則的贊同。這種獲得開始了法律狀態，但這僅僅是這種狀態的先導，尙未成爲絕對的，另外，這種贊同的時間，也不能早於其他參加者表示同意建立文明狀態的日子。萬一有人反對他們進入這個文明狀態，只要這種反對繼續存在，這種贊同便支持一切有保證的法律獲得的效果，因爲從自然狀態發展到文明狀態是建立在一項義務之上的。

17. 原始的最初獲得概念的推論

我們已經在一個有普遍性的原始土地共同體中，根據在空間中一次外在獲得的諸條件下，發現了獲得的資格（或權利），並發現獲得的模式包含在經驗的取得占有的事實中，並與把一個外在對象作爲已有的意志相結合。我們還需要進一步去闡明，從與此（獲得）概念有關的純粹法律上的實踐理性的原則去闡明，法律上正當占有一個對象（這就是外在的「我的和你的」）是隨著作爲理性占有的兩個先決條件而產生的。

外在的「我的和你的」的法律概念，由於它涉及實體，不能把「那個對我是外在的東西」僅僅解釋爲，這個東西是「在一個我不在其中的地方」，因爲這是理性的概念。只是智力思辨[19]的概念才能夠被包括在理性概念之中，根據非經驗性占有的意思（也可以說，透過取得占有一個外在物的不斷活動），這裡所說的外在的「我的和你的」的法律概念只能表示爲：「某種與我不同和有別於我的物，」它只涉及把某些東西置身於我的強力或權力之下的含義，它說明一個對象和我自己的聯繫，作為我利用此對象的可能性的主觀條件，這就構成一個屬於理解上的純粹智力思辨性的概念。現在，我們可以拋開，或者可以不管占有的感覺諸條件，因為人與對象沒有責任的關係。這種排除感性因素的做法，正好體現一個人對眾人的理性關係；正是根據這樣的關係，他透過他的意志行為能夠用一種責任去約束[20]所有其他的人不能動用那些對象，因為這種做法與自由的公理、權利的公設以及公共意志（它被設想為先驗地聯合起來的意志）的普遍立法相一致。因此，這就是作為透過純粹權利，對諸物理性的智力思辨的占有，雖然諸物是感官的對象。

很明顯，對一定份額土地的第一次耕作、劃界或轉讓，一般來說，這種活動自身並不能提供一種資格去獲得這塊土地，因為一次偶然的占有，並不能構成對該實體的法律占有的依據。相反的，關於「我的和你的」的推論，必須依據「由承諾而來的財產原則」，從該實體的所有權中概括出來。因此，如果某人在一塊尚不屬於他的土地上勞動，他會失去他的勞動成果，而為前一位土地所有者所有。這種情況本身是如此明顯，以致對持相反的古老見解（雖然它仍流傳得很廣）亦很難不被看成是一種流行的幻想，它不自覺地導致物體的人格化，好像這些對象，透過花費在它們身上的勞動，便會受到一種責任的約束，似乎它們應該只對花費了勞動的人服務，依據直接的權利，認為這些物為他所有。否則，很可能那個已經討論過那個自然如此的問題，「在一物之中的權利，怎樣才是可能的？」就不會輕輕地被放過不問了。因為，物權，作為反對每一個可能成為一物的占有者的權利，僅僅指一個特殊意志提出使用一個對象的應得權利，只要這個意志可以包括在人人都理解的普遍意志之中，而且還可以被認爲和普遍意志的法則相協調。

至於那些被放在已經是我的土地上面的物體，如果它們不屬於其他任何人的，那麼，它們就屬於我，我用不著爲了這種占有目的去履行任何特定的法律手續。它們之所以屬於我，不是根據事實，而是根據法律。因爲可以把它們看作是附屬於土地這個實體的偶然的東西，這樣一來，它們便屬於我的。任何一類物，只要它與我所有的其他任何東西有密切到不可分割的聯繫，如果要想把它和我的東西分開，除非在實體上改變那事物，否則，它們都是屬於我的。例如，在我的某一對象上的那些裝飾品，那些與我的其他財物混合在一起的混合物、沉積物、礦床，甚至一條小溪或河流的河床改道了，變成對我有利，結果增加了我的土地，等等。根據同樣的原則，還必須規定這種可以獲得的土地是否可以擴展到超出現存的土地面積，甚至包括一部分海灘，以及有無權利在我所有的岸邊打魚，採集琥珀等等。就我擁有的機械能力來說，爲了保護我的土地不受他們攻擊，從我占領的地點起，一直到大炮打得到的地方，所有這些領域都歸入我的占有，那裡的海面也成爲封鎖的海面。但是，在大海中沒有可以占領的基地，所以，可能占有的海面不能伸展得太遠，於是，遼闊的海洋是自由的。可是，萬一有些人或者屬於他們的東西，擱淺在海岸上，由於這種情況並非出於有意，所以，此海岸的所有者不能因此有權去獲得這些東西。因爲船壞了並不是一種意志的行爲，而且也不應該給某人帶來損害，那些可能擱淺在他的土地上的東西，仍然是屬於某人的。不能把它們當作沒有主人的東西或無主物。另一方面，一條河，就以河岸延伸出來的土地的占有來說，像任何其他的土地那樣，在上述的限制條件下，可以由占有河岸兩邊的人原始地獲得它。

財產【21】

一個外在的對象，如果它的本體能夠爲某人要求是他的，該對象便是他的財產。凡是在此對象之中的一切權利，都附屬於此對象，猶如一個整體——如同那些偶然附屬的東西，生來就屬於一個實體——因此，他作爲所有者，便可以任意處理它。不過，據此可以立即推論出，這樣的一個對象，只能是一個有形物，人們對它不負什麼直接的個人責任。所以，一個人可以是他自己的主人，但並不是他自己的所有者，他不能任意處理他自己，更不用說對他人有這種關係的可能了，因爲他要對在他自身中的人性負責。這一點，由於它是屬於人性本身的權利，而不是屬於他個人的權利，所以，不準備在這裡多加討論，在這裡只是提一下，以便更好地理解剛才說過的問題。人們可以做進一步的觀察，對同一物可能存在兩個有充分資格的所有者，這並非存在共同的「我的和你的」，而僅僅是共同占有一個只能屬於他們中一個人作爲此人自己的東西。在此情況下，兩個所有者之中，一人得到此物的完整所有而不得使用；另一人則得到對該物的充分使用以及對它的占有。前者（作爲直接所有者）只能在一個條件上限制後者（作爲使用的所有者），即：要求他對該物本身做出某種連續性的成績，而不限制他對它的使用。

第二節　對人權的原則

18. 對人權（或人身權）的性質與獲得【22】

占有另一人積極的自由意志，即透過我的意志，去規定另一個人自由意志去做出某種行爲的力量。這種占有根據自由法則，是涉及外在的「我的和你的」的權利的一種形式，並受到另一種因果關係的影響。對同一個人或對不同的一些人，可能取得幾種這樣的權利。這種法律體系的原則（根據它，我可以取得這樣的占有），這是對人權的原則，並只有一條這樣的原則。

對人權的獲得，絕對不能是原始的或專斷的。因爲這樣的獲得模式不符合我的意志的自由與其他每一個人的自由之間要取得和諧的原則，所以，這樣的模式是錯誤的。他人不能以任何不公正的行爲的手段去獲得這種權利，因爲這樣做本身與權利的原則衝突。如果把這樣一種錯誤的事強加在我身上，而我又可以根據權利的法則向他要求補償的話，那麼，這樣一來，我除了有資格保持我原有的東西而不至於減少以外，別無他獲。

透過他人行爲的手段而取得的占有（由於這種占有，根據權利的法則我來決定他的意志）始終是從他人自己有什麼東西這一情況推論出來的。這種推論，作爲法律行爲，不能透過單純消極的讓出或拋棄他所有的東西而實現，因爲這樣一種消極行爲只能表示他的權利的終止，並不表示另一方取得一種權利。這僅能通過積極的轉讓或讓與，才獲得一種對人權，這只有通過公共意志的辦法才能做到；用這種辦法，種種對象便進入一人或他人的權力之內。因此，當某人放棄一個按公共權利擁有的個別物件時，此同一個對象如果由於他人的一次主動的意志行動而被接受，那麼，此物便成爲他的財產。由一個人到另一個人的這種財產的過渡，稱之爲**轉讓**。通過兩個人聯合意志的行爲，把屬於一個人的東西轉移給另一個人，這就構成**契約**。

19. 通過契約的獲得

每一項契約都包含意志的四個**法律行爲**：其中兩個是**準備的行爲**，兩個是**構成的行爲**。兩個準備的行爲是提供和同意，作爲商議這項事務的形式；兩個構成的行爲是允諾和接受，作爲結束該事務的形式。在提供物尚未爲被提供人判定此物的確是他這一方想要的東西之前，這個提供不能構成允諾；允諾必須經過前面兩個（提供和同意）聲明才能出現。但是，僅有這兩個聲明，到現在尚不能獲得什麼東西。

進一步說，既不是由於允諾人的**個別**意志，也不是接受人的**個別**意志，前者的財產便轉到後者手中，這只能是雙方**結合的**或聯合的意志來實現，並要求雙方意志同時或相繼做出聲明。可是，這種同時聲明的行爲，在經驗中是不可能做到的，這兩個聲明只能在時間上**一個跟著一個**，而絕對不能眞的同時發生。因爲我雖然已經允諾了，但另一方現在僅僅是願意接受，在眞正接受之前的那段時間內，無論它是如何短暫，我都可以撤回我的提供，因爲此時我仍然是自由的；同樣，在另一方，接受人出於同樣理由，也可以在接受行爲發生之前，緊接著允諾行爲之後，做出相反的聲明，同樣使自己不受約束。約束一項契約的外在手續形式或莊嚴儀式——例如握手。折斷一根麥稈，雙方各持一半——以及各種各樣表示肯定雙方聲明的模式，都是用事實來表明，訂約雙方以什麼方式可以表示他們發表聲明時的窘狀。這些儀式，作爲表示允諾與接受在同一時間一齊發生，一直是成功的，而訂約的四個形式卻做不到。這四個行爲，根據它們的性質，在時間上必須一個跟著另一個，可是，一個行爲發生了，另一個行爲尚未發生，或者再也不會發生。

只有哲學上先驗的推論，通過契約而獲得的概念，才能消除所有上述困難。在法律的外在關係中，我取得占有他人的自由意志作爲決定他去做某一行動的原因。首先，在經驗上，通過我們每個人自由意志及時的聲明和相應的聲明，作爲取得占有的可感知的條件表達出來了，而這兩種法律行爲在時間上必須必然地被認爲是一個跟著另一個發生的。但是由於這種被看作是法律的關係，其自身純粹是理性的，這種作爲制定法律的理性能力的意志（根據自由的概念和撇開種種經驗條件），表明這種占有是理智的或理性的占有。既然允諾和接受的兩種行爲，不能認爲在時間上是一個接著一個發生的，但是，把「契約的開始」看作是產生於一個公共意志（它可以用「與此同時」或「一齊發生」等詞語來表達），被允諾的對象（在排除了經驗的各種條件的情況下），根據純粹實踐理性法則，就表示爲已經被獲得。

這就是對通過契約獲得的觀念進行眞正的和唯一可能的推論，只要花點力氣，這個推論是完全可以證明的，可是，一些法理學的作家——例如摩西・孟德爾松（Moses Mendelssohn）寫的《耶路撒冷》（*Jerusalem*）一書——卻白費了很多精力來論證這種獲得的理性的可能性。這個問題是這樣提出的：「我爲什麼應該遵守我的諾言？」這種問法就是假定大家都明白：我應該這樣做。但無論如何，絕對不可能對所說的絕對命令提出進一步的論據，正如一位幾何學家不可能用理性的三段論法去證明：爲了畫一個三角形，我們必須用三條線（此爲一個分析命題），其中兩條線之和必須長於第三條線（一個綜合命題），這種證明和上面的問題一樣，是屬於先驗的。這是一個純粹理性的公設，這是我們應該撇開時間和空間的所有可以感覺的條件，關於權力概念的純粹理性的公設；這種擺脫上述條件而又不失去占有眞實性的可能性理論，正是構成通過契約而獲得的概念的先驗推論。這裡說的和上面一節所說的，作爲通過占據外在對象而獲得理論極爲相似。

20. 通過契約獲得的是什麼

我通過契約獲得的那個被稱爲外在物是什麼？由於它僅僅是他人積極意志的因果關係，要把一些已經允諾的東西給我，可是，我並沒有因此馬上獲得一件外在物，而僅僅獲得一個達到這樣目的的意志的行動，根據它，一個外在物便置於我的權力之下，於是我可以把它變成我的東西。所以，通過契約，我獲得了另一人的允諾，它不同於被允諾的對象；但我卻因此而在我擁有和占有的東西之外又加上一點東西。通過取得一種主動的責任，我能夠對另一人的自由和能力施加壓力，於是，我的占有就變得多了一些。我的這種權利只不過是一種對人權，它的效力只能影響到某個特定的具體的個人，特別是影響到他意志的因果關係，於是，他必須爲我做一些事情，這不是加於此法人的物權。物權被認爲和所有人的聯合意志的觀念（被看作是先驗的）是一致的，僅僅通過它，我能夠取得一種有效的權利來反對每一個占有該物的人。因爲，正是在這個物權中包含了在一物中的一切權利。

通過契約把我的東西轉讓或讓與另一個人，這是根據連續性的法則進行的。這就是說，對一物的占有，在轉讓行動的進行過程中不能中斷，因爲，如果中斷，該物便處於無主物的狀態，我就可以在這種狀態中獲得一個對象，而且這會成爲原始的獲得，這是和契約的觀念相矛盾的。但是，這種連續性所指的不是允諾一方或接受一方的特殊意志，而是他們共同聯合的意志，就是這種聯合意志把我的東西轉讓給他人。可見轉讓的完成並不要求允諾人爲了另一方的利益而首先轉讓他的占有，或者放棄他的權利，而另一方立即占有或立即取得權利或者相反。因爲轉讓是一種行爲，該對象在轉讓行爲中暫時**同時**屬於雙方所有，正如一個拋物體的運動軌跡，當該物體達到它的最高點那一瞬間，可以看作**同時**既是升高又是降落，把這概念引用到轉讓行爲上，就是從升高到降落的一瞬間。

21. 接受和交付

在一項契約中獲得一物，不是通過對允諾的接受，而是通過被允諾對象的交付。因爲一切允諾都與**履行**有關。如果被允諾的是一個物，那麼，要履行允諾只有通過一種行動，允諾人讓接受人取得對該物的占有，這就是交付。在交付一物和接受一物之前，需要履行的行動尚未發生，該物尚未從一人轉到另一人手中，因此，該物尚未爲另一人獲得。所以，來自契約的權利，僅僅是一種對人權，它只有經過交付才變成物權。

一項規定立刻交付的契約，排除在契約的締結和它的執行中間有任何時間上的中斷，因而，它不要求在未來再有什麼特殊行動，通過這種行動，一個人可以把他所有的東西轉讓給另一人。但是，如果他們之間同意在一段時間之後——有限的或無限的——才履行交付，那麼就發生一個問題，在交付時間之前，該物是否由於訂立了契約而已經變爲接受人的東西，於是接受人的權利就是對此物的物權；或者需要另訂一項特別契約，單獨對交付做出必要的規定？可見，單純由於接受而獲得的權利只是一種對人權，它在交付之前不會變成對此物的物權。既然這種關係必須根據後者（接受人）的抉擇來決定，那麼這種關係得要按下一步將會發生的事情如何才能看清楚。

假如我締結一項契約，要獲得一個我所盼望獲得的東西——比如是一匹馬——而且我立刻把馬拉過來放在我的馬廄裡，或者採用其他辦法使它爲我所占有，那麼，這匹馬便是我的，我的權利就是物權。但是，假如我把馬仍然留在賣主的手中，和他又無特殊安排，規定在我取得占有此馬之前誰在實際上占有或持有此馬，這樣一來，在眞正改變占有之前，此馬尚不是我的。我所獲得的權利僅僅是針對某一特殊個人（即賣馬人）的權利，即向他提出占有此對象的權利，並以此作爲我可以按照我的意志隨意使用此馬的主觀條件。因此，我的權力僅僅是對人權，即要求賣主履行他的承諾，讓我占有此物。如今，如果該契約沒有規定即時交代的條件，因而，在締造契約和取得占有獲得物之間，有一間斷的時間，在這段時間中我不能取得占有，除非通過行使特殊的被稱爲「占有行爲」的法律行爲，這種行爲又構成一項特殊契約。這種行爲包括我的聲明中稱：「我將派人去拉那匹馬」，賣主一方必須對此表示同意。如果任何人將取得一物，而此物卻被指定歸另一人使用，但得由他付錢，由他去承擔風險，這並非不證自明的或普遍有理的事情。相反地，需要有一個特別契約去安排，根據這個特殊契約，轉讓該物的人在一段有限的時間內，繼續是它的所有者，並必須對該物可能發生的任何風險負責。即使獲得者（接受人）已經推遲他開始占有的日期，即超出他原來同意去接受交付的日期，賣主仍要認為獲得的一方是該物的所有者。因此，在占有行為發生之前，通過契約所獲得的僅僅是對人權，接受者只有通過交付才能取得一個外在物。

第三節　「有物權性質的對人權」的原則

22. 「有物權性質的對人權」的性質

「有物權性質的對人權」是把一外在對象作為一物去占有，而這個對象是一個人。這種「我的和你的」的權利，專門指涉及家屬和家庭的權利。這裡所涉及的關係是一些自由人彼此間眞實存在的關係。透過這些關係和影響，彼此都作為人相待，根據外在自由（作為這種關係影響的原因）的原則，他們組合成一個社會，它的全部成員在此社會組織中彼此作為人相互對待，這樣便組成一個家庭。這種模式（個人在其中獲得了這種社會地位）及其作用（那些在此模式中被公認的作用），既不是產生於專橫的個人的行為（事實），也不是來自單純的契約，而是來自法律。這種法律（它不僅僅是權利，而且也構成對人的占有），是一種高於一切單純的物權和對人權的權利。這種權利必須實際上構成我們自身中人性的權利。此外，就這一點而論，這種權利以一種自然的允許的法則作為它的推論，依靠這個法則的力量，這樣的獲得對我們才成為可能。

23. 在家庭中所獲得的是什麼

建立在這個法則之上的獲得（作爲此獲得的對象）有三種。男人得到妻子，丈夫和妻子得到孩子，這構成一個家庭。另外，家庭獲得僕人。所有這些對象，既是可以獲得的，又都是不能被剝奪的。在這些對象中，占有的權利是一切權利中最嚴格的私人的權利。

家屬在一個家庭社會中的權利

第一標題 婚姻的權利（夫與妻）[23]

24. 婚姻的自然基礎

家庭關係由婚姻產生，婚姻由兩性間自然交往或自然的聯繫而產生。[24]兩性間的自然結合體的產生，或者僅僅依據動物的本性，或者依據法律。後一種就是婚姻，婚姻就是兩個不同性別的人，爲了終身互相占有對方的性官能而產生的結合體。他們生養和教育孩子的目的可以永久被認爲是培植彼此欲望和性愛的自然結果，但是，並不一定要按此來規定婚姻的合理性，即在婚前不能規定務必生養孩子是他們成爲結合體的目的，否則，萬一不能生養孩子時，該婚姻便會自動瓦解。

儘管可以認爲互相利用性官能的歡樂是婚姻的目的，但是，婚約並不能據此而成爲一種專橫意志的契約，它是依據人性法則產生其必要性的一種契約。換言之，如果一男一女願意按照他們的性別特點相互地去享受歡樂，他們必須結婚，這種必須是依據純粹理性的法律而規定的。[25]

25. 婚姻的理性權利

這種自然的性關係——作爲兩性間互相利用對方的性官能——是一種享受。爲此，他們每一方都要委身於對方。在這種關係中，單個的人把自己成爲一種「物」，這與他本人的人性權利相矛盾。可是，這種情況只有在一種條件下可以存在，即一個人被另一個人作爲「物」來獲得，而後一個人也同樣對等地獲得前一個人。這就恢復並重新建立了理性的人格。由於這種結合，獲得人身的一部分器官，同時就是獲得整個人。因爲人是一個整體，這種獲得發生在彼此性官能的交出和接受後；或者，一個性器官與另一性器官發生關係，在結婚的條件下，不僅僅是可以允許的，而且在此條件下，進而是唯一眞正可能的。可是，這樣獲得的對人權，同時又是「物權性質」的。這種權利的特殊性，可以由下述事例來確定：例如：已結婚的雙方，如有一方逃跑或爲他人所占有，另一方有資格在任何時候，無須爭辯地把此人帶回到原來的關係中，[26]好像這個人是一件物品。

26. 一夫一妻制與婚姻的平等

根據同樣理由，婚姻雙方彼此的關係是平等的占有關係，無論在互相占有他們的人身以及他們的財物方面都如此。因此，只有一夫一妻制的婚姻才眞正實現這種平等關係，因爲在一夫多妻或一妻多夫制中，一夫或一妻委身於對方，而他或她只能獲得對方中的一人，即獲得當時委身於他（她）的那一個人而已，因此也就變成一種純粹的物了。至於他們的財物，他們各人都有放棄使用這些財物的任何一部分的權利，雖然這僅僅需要通過一項特殊的契約。

接著是納妾的問題，[27]根據上述原則，納妾很難被納入權利的契約之中，因爲納妾是私通契約方式，如同偶然地僱用了一個人那樣，一個女人才成爲妾。由於考慮到僱傭關係也可能包括上述關係的契約，所以，人人必須承認，任何一個可能訂立了這種契約的人，如果她們盼望脫離這種關係回復原來的身分，就不能合法地要求她們去實現她們的承諾。關於納妾的契約也可以墮落成爲一項骯髒的契約。因爲作爲僱傭的契約規定身體的一部分爲別人所使用，而這一部分又是和整個人不可分割的一部分，誰加入了這樣的契約，誰就實際上要像一件物那樣屈服於別人的專橫意志。因此，任何人如果和別人訂了這種契約，訂約的任何一方可以廢除這樣的契約，只要此人願意，在任何時間都可以這樣做；而另一方在此情況下，沒有任何理由埋怨別人損害了他的權利。這個原則同樣適用於一個身分高的男子想和一個身分低的女子結婚的不相配的婚姻（或者「不自然」的婚姻）。他們的婚姻都是爲了通過這種契約，利用雙方不平等的社會身分，成爲一方對另一方處於優越的社會地位而去控制對方，因而，事實上這樣的關係和納妾沒有實質的區別。根據自然權利的原則，這種結合不能構成眞正的婚姻。人們會質問，當法律以任何方式對待丈夫與妻子的關係時，總是說：「他將是你的主人」，於是他便代表命令的一方，而她就成爲服從的一方，在此情況下，是否違背了婚姻當事人平等的原則？如果這種法律上的優越地位僅僅是基於考慮到丈夫與妻子的能力相比，在有效地完成家業的共同利益方面具有自然優勢；此外，如果丈夫的命令權僅僅是根據這種事實來做出的，那麼，不能認爲這違背了人類結合成雙的自然平等的原則。因爲這種權利可以從二人結合與平等的義務以及有關的目的之間的關係推斷出來。

27.婚姻契約的完成

婚姻的契約只有夫妻同居才算完成。兩個不同性別的人的契約，如果附有祕密諒解，彼此避免同居，或者知道一方或雙方沒有性功能，這項婚姻契約就是冒充的契約，它不能構成婚姻，可以由任何一方決定解除。但是，如果在結婚之後才發生一方缺乏性功能，那麼，這項契約的權利不能由於一件在法律上不能加以指摘的偶然事故而被宣告無效或認爲沒有約束力。

獲得一個配偶（或者作爲丈夫，或者作爲妻子），不能根據二人同居的事實而不事前締結婚約，便可以構成；也不能僅僅有了婚姻的契約而沒有隨後的同居，便可以構成。只有通過法律才能獲得配偶：即作爲一項法律上責任的後果。它是由兩個人，僅僅根據彼此占有而結成一個性關係的聯合體。這種相互占有，同時又僅僅是通過相互使用性器官，才能成爲現實。

第二標題[28]　父母的權利（父母與子女）

28.父母與子女的關係

從一個人對他自己的義務——就是對待他自身中的人性——於是產生一種對人權，加之於婚姻的一方，即不同性別的一方，作爲人通過婚姻，眞正地和互相地彼此獲得對方。同樣，根據這樣建立起來的聯合體中繁殖的事實，隨著就產生保護和撫養子女（這個聯合體的產物）的義務。因此，兒童作爲人，就同時具有原生的天賦權利──有別於單純的繼承權利──而獲得父母的細心撫養，直到他們有能力照顧自己爲止。這種撫養責任，直接由法律[29]規定他們的義務，不需要任何專門法案對此做出決定。

由於父母生育出的是一個人，不能把一個享有天賦自由的人設想成爲僅僅是經過一種物質程序產生出來的一個生命。[30]因此，在實際關係中，把傳宗接代的行爲看成是未經他本人同意，而把一個人帶進了這個人間世界的過程，而且通過別人負有責任的自由意志把他安排在人間，這是很正確的，甚至是一種十分必要的觀念。因此，這種行爲加給父母一項責任──盡他們力所能及──要滿足他們的子女應有的需要。父母不能把他們的子女看成是他們自己的製造物，因爲不能這樣看待一個享有自由權利的生命。同樣，他們也無權像對待自己的財產那樣可以毀掉孩子，甚至也不能讓孩子聽天由命，因爲他們把一個生命帶到了人間，而他事實上將成爲此世界的一個公民，即使根據權利固有的概念，他們已經不能對這個生命置之不理，漠不關心。

我們甚至無法理解上帝如何能夠創造自由的生命；如果人們未來的一切行爲都爲已經爲那第一次的行動事先所決定，於是，未來的行爲便都包括在合乎自然規律的必然的鏈條之中，那麼，他們不可能是自由的。可是，作爲人，我們事實上是自由的，因爲，通過道德和實踐關係中的絕對命令，這種自由被證明是理性的一種權威的決定。可是，從理論的角度看來，理性當然不能把這種因果關係的可能性變成可以理解的，因爲它們兩者（自由和絕對命令）都是超感覺的。在這些情況下，理性所能提出的一切要求，將僅僅是去證明，在涉及創造自由生命的概念時，不存在矛盾。而這種證明也可以通過下述說明達到：當矛盾僅僅產生於時間的條件加上了因果關係範疇時，就會轉化爲超感覺的諸事物的關係。時間條件（如果指的是：一種結果的原因必須先於結果以作爲它的前提），在考慮到可感覺對象的彼此關係時是不可避免的；還有，如果這種因果關係的概念，假如在理論方面具有客觀的現實性，那麼，此因果關係的概念不得不被認爲是指超感覺方面的。可是，當這個純粹範疇撇開任何感知條件時，就是從道德和實踐的觀點來運用時，這個矛盾便逐漸消失！因而，在一種涉及創造概念的非感知關係時，也不存在矛盾。

哲學的法學家不會認爲這種研究（當這種研究要追溯到先驗哲學終極原則時）在道德形而上學中是一種不必要的微妙問題；或者當他在探索權利原則的最終關係中，考慮到維持公正的困難時，這種研究自身會消失在無目的的黑暗之中。

29. 父母的權利

由上面所指出的責任，便必然地進一步得出，父母必須有權去管教與訓練他們的子女，因爲子女本人尚無恰當地運用他的肌體（作爲一個有機體）和心智（作爲一種理解力）的能力。這就涉及對子女的撫養和關心子女的教育。一般說來，它包括在實際生活中所形成的和發展的功能，它可以使子女在未來生活中有能力維持自己並成長起來；此外，還有道德修養與發展，凡是忽略了這方面的父母都是有罪的。所有這些訓練一直要進行到子女獨立成人的時期，即子女自己能夠謀生的年齡。到了這個時期，父母才可以實際上放棄他們發布命令的權利，同時也放棄了補償他們以往的操心和麻煩的一切要求，因爲這些操心和麻煩在教養工作結束之後就沒有了。父母只能依據感恩的責任，可以向子女提出任何作爲（對父母的）道德義務的要求。

從孩子們具有人格這一事實，便可提出：無論如何不能把子女看作是父母的財產，他們僅僅在下述意義上可以看作屬於父母的，如同別的東西一樣爲父母所占有：如果當孩子被他人占有時，父母可以把他們的子女從任何占有者手中要回來，哪怕違反子女本人的意志。可見，父母的權利並非純粹是物權，它是不能轉讓的。但是，這也不僅僅是一種對人權，它是一種有物權性質的對人權，這就是一種按物權方式構成的並被執行的對人權。

很明顯，在權利的科學中，除物權和對人權兩種權利而外，還必須添加上這一項「有物權性質的對人權」，否則，把權利僅僅分爲前面兩種是不完整的。因爲父母對子女的權利，如果僅僅看作是一種物權，如同屬於他們家裡的一部分東西，那麼，當子女逃跑時，父母不但能僅僅根據子女有返回父母身邊的義務，把子女要回來，他們還有資格像對物件或者對逃走的畜牲那樣，把子女抓回關起來。

第三標題　家庭成員的權利（主人與僕人）【31】

30. 一家之主的關係與權利【32】

一個家庭裡的孩子們，他們和他們的父母構成一個家庭。當他們達到成年確實具備了自主的能力時，就成爲自己的主人，即使沒有一項契約把他們從原先的不獨立的狀態中解放出來。這種成年狀態的到來，一方面是隨著年齡的自然增長達到自然成年狀態；另一方面是形體上的成熟，達到與他們的自然素質相符的狀態。這樣一來，他們僅僅依據法的觀念便取得成爲自己主人的權利，不用採取任何特殊的法律行爲。他們對於父母爲他們所進行的教育，不欠任何法律上的債務，正如在父母一方，現在也同樣解除了對子女的責任，父母和子女雙方於是獲得或重新獲得他們自然的自由。那個必須依據權利法則而組成的家庭社會也就因此而自然地解體。

可是，雙方也可以決定維持這個家庭，但是要在另一種責任形式之下維持。可以假定是這樣的一種關係形式：即一家之主的主人與其他成員作爲家庭僕人（男的或女的）之間關係的形式；他們之間新的受制約的家庭**經濟**關係可以由契約規定。家主（眞正的或實際的）和子女們（他們已成爲自己的主人）訂立契約，如果這個家庭沒有孩子，就和其他一些自由的、構成這個家庭的成員訂立契約，這樣，便建立了一種家庭關係，它不是建立在社會平等之上的，而是一個人作爲主人**發號施令**，其他人作爲僕人**服從命令**。

這樣，從一家之主看來，家人或僕人就是屬於他的。至於他占有他們的**形式**或模式，他們好似根據物權屬於他的，因爲當任何人逃跑時，他有資格根據單方面的意志，把他們帶回來重新置於他的權力之下。但是，就他的權力**內容**或者**使用**來看，他雖然有資格把這些人作爲他的家僕，卻沒有資格把自己當作他們的所有者或者物主去對待他們，因爲他們僅僅根據契約才服從他的權力，而凡是契約，總是有明確的約束條件的。一個契約，如果一方爲了另一方的好處，放棄了他的**全部**自由，因而他不再成爲一個人，也就不再有義務去遵守契約，這種契約便是自相矛盾的，所以它本身是無效的，作廢的。至於有人因犯法而失去他的法律人格，因此而對他產生了所有權的關係，在此不作考慮。

這種一家之主和他的家人之間的契約不能是下面這種性質，即不能把合法地照契約使用他們變成對他們濫用權力。在這種情況下，什麼是正當使用權力和濫用權力的判斷，不能僅僅聽家主一方的話，同樣也應該聽家僕一方的話，絕對不能把家僕拴起來工作，或者對他們進行人身奴役，像對待奴隸或農奴那樣。因此，這樣的契約不能以終身作爲規定的期限，在任何情況下，只能是在一段時期中有效。在這段時期中，一方可以通知另一方有關他們關係的終結期限。孩子們，甚至包括由於犯法已經變成奴隸的人的子女，始終是自由的。因爲每個人生來是自由的，一個人生下來時並沒有犯過法，甚至到他成年時期的教育費，也不能算作他必須償還的債務。因爲，即使一個奴隸，如果他有能力，一定會教育他的子女，但並沒有資格和子女計算教育費用，由於考慮到他沒有能力負擔這項職責，那麼，該奴隸的占有人就要負起此責任，因爲他已經使該奴隸本人處於無法去實現這種職責的境地。[33]

在這裡，如同在前兩個「權利」所說的那樣，再一次明確地說明，在家主和家僕之間存在一種「有物權性質的對人權」。因爲在法律上規定，當任何人占有他的僕人時，他有資格把他們要回來，好像他們是他的外在物。哪怕在可以讓他們逃跑的理由面前；哪怕他們的特殊權力在此情況下，已經從法律的角度上加以研究過，主人仍有資格把他們帶回家中。

一切可以由契約獲得的權利在體系上的劃分

31. 契約的分類：貨幣和書籍的法律概念

有理由要求權利的形而上學科學，應該完整地和明確地決定這門科學的先驗概念的合乎邏輯分類的各個分支，以便把它們組成一個眞正的體系。另一方面，一切來自經驗的分類僅僅是些片段的部分，它讓我們處於不肯定之中，不知道還存在哪些部分內容需要尋找出來，使全部被劃分概念的所有各方面達到完善。另有一種分類，它與只憑經驗的劃分法相反，是依照先驗的原則來分類，可以稱之爲教理的分類。

每一項契約，從客觀上來看，包括兩個法律行爲：允諾與對它的接受。經由後者而來的獲得（除了這是一種「承擔的契約」需要交付而外）不是契約的一部分，它是此契約法律上的必然結果。請再從主觀上考慮，或者考慮這種獲得（依據理性作爲一個必然的結果，它應該發生），在事實上，作爲一種物質上的結果，是否會必然隨著發生。顯然，我毫無把握或保證：僅僅根據接受一項允諾，這個獲得將會必然發生。因此，需要有某些外在的東西和這種契約的模式聯繫起來，以便使此契約所規定的獲得變得肯定。這只能通過某種因素去完成和決定這個必需的手段來達到獲得，並以此來實現此契約的目的。爲了和接受人聯繫以及爲了他的利益，需要有三個人參與：允諾人、接受人和警告人或保證人。保證人的重要性是很明顯的，但是，通過他的參與以及他和允諾人的特殊契約，接受人並不能得到什麼實物，只是一種強制的手段，讓他能得到那些屬於他所有的東西。

根據理性的邏輯分類原則，只應該有三種純粹而簡單的契約模式。當然存在無數的混合模式和經驗中的模式，再加上法定的和習慣的涉及「我的和你的」原則的形式，這些形式都與理性的法則一致。但是，它們都被劃在形而上學的權利科學範疇之外，只有理性的契約模式，才在這裡加以說明。

一切契約都是建立在獲得的目的之上，它們是：(1)無償的（單方面受益的）契約，單方面獲得；或者(2)負有法律義務的契約，彼此相互獲得；或者(3)告誡的契約，沒有任何獲得，僅僅保證已經獲得了的東西。這種契約對某一方來說可能是無償契約，但同時對另一方來說是負有法律義務的契約。

(1) 無償的契約有：

① 保管，包括受託保管某種有價值的存放物；

② 借用，借一物給他人使用；

③ 捐贈，一種無償禮物。

(2) 負有法律義務的契約，或者是交換的，或者是租僱的契約：

① 交換的或彼此交換的契約：

A. 物物交易或者嚴格的眞正的交換。以貨易貨；

B. 買賣，爲了錢而出賣貨物；

C. 借錢或借物，指可以用同類物償還爲條件的借用，例如借穀還穀，借錢還錢。

②出租或僱用的契約：[34]

A.出租一物給他人去使用。如果這個物只能以同類物償還，此物可能就是一項負有法律責任契約的對象，並考慮到此物的收益；

B.受僱去勞動。讓他人按一定價錢使用我的勞力的契約，訂此契約的工人是受僱的僕人；

C.委託。委託契約是代替另一人並以另一人的名義，去執行某件事情的契約。如果這個行爲僅僅是代替另一個人去做的，並不同時以另一人的名義，那麼，這是用不著委任的行爲；但是，如果一個行爲要用他人的名義去做，這就構成委託，它作爲代理的契約是一項負有法律義務的契約。

③告誡的契約是：

A.抵押品。以一項動產作抵押品，它被存放起來作爲保證；

B.保證人的責任。爲了完成另一人的承諾而做出的保證；

C.人身安全。在履行契約時，對人身安全的保證。

透過上面列出的各種模式，一個人的財產可以轉讓或過渡給另一個人，包括爲了這種轉讓需要的某些對象或者工具的概念。看起來，這些對象或工具完全是經驗的，因此，它們是否可以有資格列入形而上學的權利科學好像還有疑問。由於在這樣的科學中，它的分類必須依照先驗的原則，而關於法律關係的內容（它可能是暫時的）應該撇開不去考慮，我們只應該去考慮法律關係的形式。

這樣的一些概念可以用貨幣與所有其他作爲商品和貨物的可交換物之不同來說明；或者可以用書

籍來說明。如果把貨幣和書籍作爲說明的例子來考慮，那麼，我們可以看出，貨幣的概念在商業交易中是所有人類通過物來交往的仲介手段中，數量最大和最有用的手段，和書籍在交換思想中作爲最巨大的手段一樣，這些概念會自己溶化在一些純粹智力和理性的關係中。很明顯，這樣的一些概念並不因爲和經驗的東西混合，而眞的減弱了純粹理性契約的既定體制的純潔性。

用貨幣和書籍的概念來說明契約的關係[35]

(1)什麼是貨幣？

貨幣是一種物，只能在轉讓或交換中才能利用它。亞亨瓦爾給貨幣下了一個很好的詞語上的定義，他的定義能充分地把含有這一類意志的對象和其他的對象區別開。但是，這個定義並沒有給我們什麼知識，能說明這樣的一種物可以作爲貨幣的合理的可能性。可是，我們從這個定義中仍然可以了解不少內容：① 這種轉讓在人類相互交往中和交換的模式中不是看作贈送禮物，而是意在通過負有法律責任的契約去達到互相獲得的一種模式；② 把它看作是進行商業活動的單純手段（或媒介物），普遍地爲人們接受的東西，但是它自身卻沒有什麼價值，它和作爲商品的東西或者貨物相反，這些貨物具有一種特殊的價值，能在人們中間滿足特別的需要。[36]所以，貨幣代表所有可以交換的物品。

一蒲式耳穀物，作爲滿足人類的需要，具有最大的直接價值。可以用它來飼養牲畜，牲畜又會有助於我們的營養和交通，甚至還會替我們工作。因此，通過穀物這個手段，人們得到繁殖和維持生命，人們不但能夠再生產這種自然物，他們還會通過其他人造物來解決我們一切正當的生活需要。於是人們能夠蓋房、做衣服，並提供種種巧妙的供人歡樂和享受的東西，這些東西又構成勤勞的產品。相反地，貨幣的價值僅僅是間接的，它本身不能被享用，也不能起到直接被享用的作用。可是，貨幣是達到這些目的的手段，在所有的外在物中，它具有最高的用途。

根據上述的認識，我們可以暫時找到貨幣的**眞正的**定義。它的定義可以是：**貨幣是人們在彼此交換「互換物」中，繼續維持人們勤勞的普遍手段**。因此，自然界的財富（就它通過貨幣的手段去獲得而言），恰當地說，僅僅是勤勞的總和或者是人們用來彼此補償的實用勞動，它在人們中間流通時，用貨幣作爲代表。

那個被稱爲貨幣的物品，必須花費很大的勤勞才能產生出來，或者甚至把它放在別人的手裡，它可以相等於那些用來交換的財物或商品或貨物（包括天然的和人造的產品）所需要的勤勞或勞動。如果生產這種稱爲貨幣的物質比生產其他爲人們需要的貨物更容易，那麼，在市場上，貨幣就會比準備出售的貨物多。這樣一來，賣方在他的貨物上花費的勞動就必須比買者所花費的要多，賣者得到貨幣的速度加快，於是，一般用在製造貨物的勞動和勤勞，以及勞動的生產率（它是公共財富的來源），都會同時縮小或降低。因此，銀行的鈔票和票據並不能看作是貨幣，雖然它們在一段時間內可以取代貨幣地位，因爲人們差不多用不著花費多大努力便可以把鈔票和票據生產出來。它們的價值僅僅建立在流行的輿論上：它們在未來仍如既往可以和現款[37]交換。如果一旦發現，無論如何，沒有足夠的現款可以保證這些鈔票或票據方便地兌換，那麼，輿論便不再支持它們，貶值就成爲不可避免。於是，在祕魯和墨西哥經營金礦和銀礦的人——特別是他們考慮到，去尋找這些貴重金屬新礦脈可能是沒有結果的努力——很可能比歐洲生產貨物的人要付出更大的勤勞。開礦的勞動在這種情況下就會被放棄，上面談及的國家就會很快陷於貧困，除非是歐洲的勤勞，受到這些金屬的刺激，同時均衡地擴大，向礦工提供奢侈的用品，以便經常維持礦工的工作熱情。這樣做了，勤勞與勤勞之間，產業與產業之間的平衡便始終可以得到維持。

爲什麼那些最初僅僅是商品或貨物的東西，最後有可能變成貨幣呢？這件事情的發生可能是這樣：某個地方的君王是某一特殊物品大量而又有權勢的消費者，最初，他爲了把這種物品當作裝飾品用來裝飾他的僕人和宮廷，他便強令他的臣民進貢這一種金屬。這類東西可能是金子或銀子、銅或者一隻美麗的稱作「海蚆」一類的貝殼；或者，在剛果，卻是一種叫做「**馬庫特斯**」（Makutes）的席子；或者，在塞內加爾，是一些鐵塊；或者是黑奴（Negro），像在亞幾內亞海岸。當一國的統治者命令進口這些東西時，就不得不調動一些勞力去生產這些東西，並根據當時在市場上或在交換中所形成的某些商品規則，把這些勞動生產品作爲支付給這些人的報酬手段。在我看來，僅僅是這樣一類特殊的貨物，才能被作爲法定的手段，在該國臣民彼此交換中維持他們的勞動的勞動；於是這種特殊的貨物便構成這個國家財富的代表物。這種特殊的貨物便因此在實際上變成了貨幣。

貨幣的理性概念（它也包含了經驗的貨幣概念），就是這樣的一種物的概念，它在公共交易的過程中，或者在占有物的交換中，規定一切其他構成產品或物品的**價格**，在其中甚至還包括科學在內，只要科學不是無償地教授給別人的。貨幣的數量在一個民族中構成他們的財富。因爲價格就是一件東西的價值的公共判斷，在複雜的比例關係中，它成爲公共的有代表性的媒介物，並在流通中完成勤勞或勞動生產品的互相交換。[38]這些貴重金屬，當它們不是僅僅根據重量，同時也刻上或加上標誌表明它們值多少錢，這種金屬塊便成爲法定的貨幣，並稱之爲鑄幣。

亞當・史密斯（Adam Smith）說：「在所有的民族中，貨幣已經變成商業的普遍使用的手段，通過它的介入，所有各種貨物都被帶進市場銷售或者彼此交換。」這個定義僅僅考慮在負有法律責任的契約中，彼此履行的必須具備的形式，並且撇開交換的具體內容，便把貨幣經驗的概念擴大到它的理性觀念上。因而，這個定義和權利的概念在「我的和你的」的交換和交易中，普遍是一致的。因此，這個定義，和前面所說的先驗契約的教義性劃分提綱的說明是一致的，因而，一般說來，也和形而上學的權利原則是一致的。

(2) 什麼是書籍？

書是人們寫出來的，它包含某人向公眾所做的，透過可以看得見的語言符號來表達的講話，這和書籍的實際外形無關，不論它是用筆寫的或用活字板印刷的，也不論它是寫成的或印成幾頁或許多頁的。那個以他自己的名義透過書向公眾說話的人是作者；那個把這部寫作以作者的名義向公眾介紹的人是出版人。當一位出版人得到作者允許或得到該作者的授權去這樣做的時候（這種行爲是與權利有關的），他是該書的合法出版人；如果他沒有得到允許和授權而去這樣做（他的行爲是違反權利的），該出版人便是一個假冒出版者或非法出版人。一部原始文稿的全部印本或抄本的總數，稱爲一個出版發行量。

未經授權而出版書籍是違背權利原則的，應該依法禁止

一篇文章不是一種概念的直截了當的表達。例如，不像一位雕刻家所雕刻的一個人像，或者一個胸像，或者一個模型。書是用一種特殊的形式向公眾講的話；也可以說是作者透過他的出版人公開地作演說。同樣，出版人透過印刷工人（作爲他的工人）的幫助來說話，但不是以他自己的名義，否則他將變成該書的作者，他只是用作者的名義來出版；他是唯一有資格去這樣做的人，因爲他借助該書作者對他的委託取得這種權利。因此，未經授權的印刷人和出版人，乃是一個假擬的授權用其出版物來說話的，他也確實用了作者的名義，但他這樣做卻並沒有得到作者的委託。因此，這種未經授權的出版物是錯誤的，是對被授權的和唯一合法的出版者的侵犯，因爲，這等於盜竊了後者有資格和有能力去行使他正當權利的權利，並因此而獲得了利益。那些未經授權而印刷和出版書籍的行爲，應根據權利的理由加以禁止，因爲這是一種冒充的和侵犯版權的行爲。

看來，有這樣一種印象，存在一種印刷和出版書籍的共同的權利。但是，只要稍微考慮一下，任何人必定認識到這種觀點是極大的不公正。其理由可以直接從這個事實來說明：一本書，從一個角度看，是一種外在（或有形）的工藝產品，它能夠爲任何一個可以合理地占有一冊此書的人所仿製，於

是，根據物權他有仿製此書之權利。[39]

但是，從另一個角度來看，一本書並不僅僅是外在物，而且是出版人對公眾的講話，他受該書作者的委託，是唯一有資格公開這樣做的人，這就構成一種對人權。認爲存在上述共同權利的看法的錯誤，產生於顛倒了和混淆了這兩類權利和書的關係。

對人權和物權的混淆[40]

混淆對人權和物權的情況，也可以同樣出現在對另一種租賃契約（見31節(2)之①），也就是對出租契約的不同看法中。問題產生於：如果物主（所有者）已經出售了他尚在出租的一間屋子或一塊地，那麼，該物主是否要在租借期滿之前，必須在出售契約上添加繼續租借的條件；或者應該認爲「交易中斷了租約」？當然要保留一段準備預先通知的時間，這是根據爲人使用的那個東西的性質而決定的。按照第一種觀點，房子或田地會被看作是負有責任的，並構成承租人對此物（房子）的物權；只要在出租契約上寫上一條：萬一需要出售出租物時，此租約繼續有效或被認可，這個物權問題便可以完滿實現。但是，由於這不是一個單純的租借契約，應該嚴格地要求和另一契約結合起來，對這種事情，出租人都不大願意這樣做。於是「交易中斷了租借」的命題便被認爲是一條原則，因爲對於作爲財產的一個對象的全部權利超過所有的對人權，兩種權利是不一致的。但是，承租人依然存在一種行爲的權利，根據對人權，他有權要求賠償由於中斷出租契約而產生的任何損失。

意志的外在對象的理想獲得

32. 理想獲得的性質與模式

我之稱爲理想的獲得的模式，因爲它沒有時間上的因果關係，它僅僅建立在純粹理性的觀念之上。然而它是實在的，並不是一種單純想像的獲得；不稱它爲眞實的，是僅僅由於這種獲得的行動不是經驗上的。這種行動的特點來自這樣的特殊性：某人從另外一個人那裡要取得獲得物，但這另外一個人，或者是尚未存在，或者他只能被認爲是可能有的人，或者他剛剛停止作爲這樣的人，或者他再也不是這樣的人。因此，這樣取得占有的模式只能看作是一種理性的單純實踐觀念。

理想的獲得有三種模式：

(1) 憑時效取得財產權的獲得；

(2) 憑繼承或接替他人的獲得；

(3) 憑不朽的功績，或者因爲死於好名聲而要求的權利。[41]

所有這三種獲得的模式，事實上只能在有公共法律狀態的社會中才能有效。但是，它們並不是僅僅建立在國家的憲法之上，或者建立在人爲的法令之上的。它們早已先驗地包括在自然狀態這個概念之內，因而在它們的經驗現象未存在之前必然是可以想像的。在國家的憲法中，關於它們的法律，應該依照理性概念的指示。

33.

(1) 憑時效的獲得

我可以從別人那裡取得的財產，僅僅是由於我長期占有它並使用它。這樣的財產不是被取得的，因爲我可以合理地假定，他的同意使得這種獲得有效；也不是因爲我可以假定：由於他沒有反對我對此物的獲得，就表明他已經停止或放棄把它作爲他的東西。我之所以得到它，是由於：即使可能有任何人確實對此財產提出要求，說他是它的眞正所有者，我可以根據我長期對該物的占有而拒絕他的要求，不考慮他過去的情況，並繼續占有它，好像在我占有的這段時間中，他的存在僅僅是一種抽象的東西，儘管我可能後來已被告知有關他的存在和要求。這種獲得的模式，如果稱之爲由於長期使用而來的獲得是不大正確的，因爲拒絕所有他人的要求會被看作僅僅出於時效的結果，而且，獲得的過程必須在行使這種拒絕的權利之前完成。這樣一種獲得模式的理性的可能性，現在已經被證實了。

任何人，如果他對一物不做出持續占有活動，去表明他有充分權利被認爲該物是他的，那麼，他根本就沒有作爲該物的占有者存在過。只要他沒有爲自己取得該物占有者的資格，他就無權控訴受到侵害。當另一個人已經占有了該物，即使他後來提出對該物的要求，他只不過說他曾經一度占有過它，而並不是現在仍然占有它；或者他的占有，作爲一件法律事實，也並非一直繼續從未中斷過。因此，只有一種占有的法律過程，此過程一直被保持著未曾中斷過，並且通過文件記載的事實可以證明，這樣的人在長期停止使用一物之後，仍能夠爲他自己保證該物爲他所有。

因爲這裡假定，他忽略了去做這種占有活動而又不影響到別人承認他的占有到現在爲止是合法的、無可爭辯的、善意的，他有無可否認的權利繼續占有該物，於是，他可以把該物看作是在他的占有之中，如同被他獲得的那樣，這樣一來，沒有什麼獲得能夠變成最後決定的和有保證的了，一切獲得將僅僅成爲臨時的和暫時的。很明顯，在人間找不到任何歷史記載，證明對一種（占有）資格的探究，必須要追溯到最先的占有者和他的獲得行動。那個憑時效而獲得賴以建立的假設，不僅僅與作爲被允許的和公正的權利相一致，而且這種獲得成爲權利的假設，以及這種獲得是想像的假設也和強制的法律相一致。任何人，有一段時期，如果他忽略了把他的占有行動在文書中加以註明，那麼，他就已經失去要求繼續是占有者的權利；至於他忽略了去這樣做的時間有多長（對此不必要做特殊的限制），只要能肯定這種忽略便夠了。如果要維持一個到現在尚不爲人們所知的人作爲所有者，而且他的占有行爲至少已經被中斷了（不論這是否出於他自己的過錯），他仍然能夠在任何時間重新獲得該物，這便與法律上的實踐理性的公設相矛盾，因爲，這樣一來，就使得一切所有權都成爲不肯定的了。

但是，如果他是一個政治共同體的成員或公民聯合體的成員的話，這個國家可以代替他保留他的占有權，雖然這種作爲私人的占有可能受到中斷。在這種情況下，實際的占有者將無法去證明他獲得的資格，哪怕是來自最初的占領，或者是根據時效而取得的資格。可是，在自然狀態下，時效卻普遍是一種公正持有的根據，雖然作爲獲得一物的法律模式卻是不合適的，但是可以作爲一種根據去保持持有者的占有，因爲在自然狀態下不存在法律的行爲，對法律要求的一項解除，通常也稱之爲獲得。占用時間較長久的占有者，由於長期使用而獲得的資格，則屬於自然權利的領域。

34. **(2) 憑繼承的獲得**

繼承的構成，是由某一個將要去世的人，把他的財產或貨物轉交給一個生存者，並經過雙方意志的同意。繼承人的獲得（他取得遺產）和財產人的放棄（他讓出財產），這兩項行爲便構成「我的和你的」的交換，它們同時發生——立遺囑人生命停止的時刻。因此，從經驗的角度看，不存在什麼轉讓的特定行爲。因爲經驗的轉讓包括兩個相繼發生的行爲，一個人首先放棄他自己的占有，而另一個人則隨之相應地取得這個占有。由兩個同時發生的行爲構成的繼承，是一種獲得的理想模式。在自然狀態中，如果繼承沒有遺囑是不可想像的。但是有個問題，這種獲得的模式，是否被認爲是一種繼承契約，或者是通過遺囑，構成一個繼承人的單方面的行爲。這個問題的解決取決於下一個問題，是否和如何在同一時期內，一個臨死的人能夠把他的財產轉移給另一個人。因此，由繼承而獲得的一種模式如何成爲可能的問題，必須獨立地考察各種可能的形式，找出一種在實際生活中被採用的，並且是一種只能在共同體中存在的形式。

「通過一項遺囑規定的轉讓，被規定或被指定的繼承人的獲得是可能的。」如果立遺囑人凱厄斯（Caius）允諾在他最後的遺囑中宣布，他死後把他的財產轉讓給蒂希厄斯（Titius）（後者對此允諾毫無所知），那麼在凱厄斯有生一日，他仍然是該財產唯一的所有者。可見，僅僅是單方面的意志行動，事實上什麼東西也沒有轉讓給他人，因爲在允諾一方之外要求再加上接受的一方，此外，在這裡尚缺乏兩方面同時發生的意志行動。因此，只要凱厄斯活著，蒂希厄斯就不能爲了去獲得遺產而特意表示接受，因爲凱厄斯只承諾在他死後，財產才能轉移，否則，該財產在一段時間內至少是共同占有的，而這並非是立遺囑人的意志。無論如何，蒂希厄斯心照不宣地獲得一項特殊的、對繼承物（作爲物權）的權利。這種特殊權利是由有資格去接受該遺產的單獨的和排他性的權利所構成，因此，這筆遺產在這個時間被稱爲「無繼承人的遺產」。現在，每一個被指定的繼承人，通過遺囑必定總是有所得而絕不會有所失，他必定會，雖然是心照不宣地接受這樣的一種權利，正如蒂希厄斯在凱厄斯死後通過接受那個允諾而成爲繼承人，於是他便可以獲得這筆遺產一樣。與此同時，該遺產並不是完全沒有所有者，不過，這個所有者僅僅是未定的或空缺而已，因爲他完全有選擇的權利去決定是否眞的把遺贈的財產變成他的所有，或者不去接受這筆遺產。

因此，根據單純的自然權利，遺囑是有效的。這種主張無論如何可以被理解爲，當一旦建立了文明狀態的時候，立遺囑可以並值得在文明狀態之中加以推行並訂爲法律。因爲，在文明狀態中，只有公共意志才能夠維持繼承的或後裔的占有，儘管這種占有尚有接受和拒絕這種懸而未決的問題，特別是它屬於誰亦無固定。

35. (3)一位好名聲的人死後繼續存在的權利

一個人死了，在法律的角度看，他不再存在的時候，認爲他還能夠占有任何東西是荒謬的，如果這裡所講的東西是指有形物的話。但是，好名聲卻是天生的和外在的占有（雖然這僅僅是精神方面的占有），它不可分離地依附在這個人身上。現在，我們可以而且必須撇開一切自然屬性，不問這些人是否死後就停止存在或繼續存在，因爲從他們和其他人的法律關係來考慮，我們看待人僅僅是根據他們的人性以及把他們看作是有理性的生命。因此，任何企圖把一個人的聲譽或好名聲在他死後加以誹謗或誣衊，始終是可以追究的，縱然一種有充分理由的責備也許可以允許提出來——因爲，「不要再說死者的壞話，只說死者的好事，」這句格言，只有在這種情況下是不適用的。因爲對一個不在場的人和不能爲自己辯護的人散布許多責備，令人看來至少是缺乏寬宏大量的。

可是，由於一個一生無可指責的人，死後也應該受到尊重，那就要承認，這樣的一個人可以（消極地）獲得一個好名聲，並構成某種屬於他自己所有的東西，縱然他在人間已不能再作爲一個有形的人存在了。還可以進一步認爲，他的後代和後繼者——不管是他的親屬或不相識的人——都有資格去維護他的好名聲，好像維護他自己的權利一樣。理由是，這些沒有證實的譴責威脅到所有的人，他們死後也會遭到同樣對待的危險。既然一個人死了仍然能夠獲得這樣一種權利，即使這是個別事例，但總是一件無法否認的事實，這個事實說明先驗的制定法律的理性，把它的命令或禁令擴大到超出現實生命的界限。如果有人對一個死者散布指責，使死者像活著的時候那樣遭到不名譽的損失，或者甚至把他說成是卑鄙的人，那麼，任何人，如果他能夠證明這種譴責是有意誣衊和僞造的，他就可以公開宣布此人是對死者造成不名譽的中傷者，並轉而責備此人爲不公正的人。這種觀點會不爲人們所接受，除非在法律上假定死者雖然已死，卻可以由於這種譴責而受到損害；並且還假定，向死者道歉是對死者一種公正的補償，雖然他早已不在人間。爲死者作辯護的人，用不著要求授予這種行爲的資格，因爲每個人必然地也爲他自己提出這樣的抗議，這不僅從倫理上看是一種道德義務，而且還是屬於他的人性方面的權利。這個辯護人也用不著陳述因爲向死者添加汙點而對他個人產生的損害，而且這種損害由於他是死者的親朋還會自然增加，他並非出於上面的理由才有理去指責那些對死者的非難。這樣的一種理想的獲得模式，甚至當一個人死後也有反對活著的人的權利，確實是有理由的，因此是不容爭辯的，雖然這種權利的可能性不能用邏輯推論出來。

有什麼根據可以從上述的情況中引導出一些不切實際的推論，用以預測未來的生活，以及對已離開軀體的靈魂做無法爲人察覺的聯繫。由於對這項權利的考慮結果，人們所發現的不是別的，僅僅是純粹道德的和法律的關係，這種關係存在於人們中間，以致存在於現實生活中有理性的人們中間。抽象就是撇開一切存在於空間和時間的那些有形的具體條件，於是，考慮人時，就邏輯地把他和附屬於人體的那些物質因素分開，這並非指他確實有被解除這些特性時的狀態，而僅僅指作爲靈魂來看，在這種情況下，他們有可能確實受到中傷者對他們的傷害。正如一百年以後，任何人都可以編造一些假話來誣衊我，像現在中傷我一樣。由於在純粹法律的關係中，我所說的權利完全是理性的和超感覺的，是撇開時間的物質條件的，所以誹謗者應受懲罰，正如他在我還活著的時候對我侵犯一樣，只是這並不按刑事程序來懲罰，而僅僅是由於他失去廉恥而可能引起別人的損失，並且這是通過公共輿論，根據「報復法則」給他的懲罰。甚至對一個已故作家的剽竊，雖然沒有玷汙死者的名譽，僅僅是盜用了他一部分財富，那也應正確地被認爲損害了該作家的人權。【42】

第三章　由一個公共審判機關判決書中所規定的獲得

36.依照公共法庭的原則，什麼是主觀規定的獲得？如何規定？

自然權利，它被簡單地理解爲不是法令所規定的，是純粹先驗地被每一個人的理性可以認識的權利，包括分配正義和交換正義。很顯然，後一種正義，由於它所構成的正義其有效性是在二人之間，彼此發生往來的相互關係中，必須屬於自然權利。分配正義也是根據同樣的理由來論證，由於分配正義能爲人的先驗所認識，所以也是一種自然權利。有關這方面的決定和判決必須由自然權利的法則來調整。

一個法人，如果他主持有關正義的事宜並加以執行，他就被稱爲正義的法庭，他從事的公務程序就叫做審判制度，對某一案件所做的判決叫做判詞。在這裡，根據權利的理性條件，這一切都被看作是先驗的，不考慮像這樣的一個社會是如何具體地建立和組織起來的。在這方面，還需要有專門的法令以及相應的經驗的原則。

因此，從每個人必須透過理性的判斷去加以決定的這個意義來看，這個問題不僅僅是「權利自身是什麼？」它還是：「在這個案件中引用的是哪種法律？」也就是，「在一個法庭看來，什麼是正確的和公正的？」理性的觀點和法律的觀點由此而區分開。這裡有四種情況，在其中，有兩種判斷形式的觀點不一致並且彼此衝突。但是，這兩種判斷也可以彼此並存，因爲它們是從兩種不同的觀點中

（然而各自又都是眞實的）推斷出來的：一個是從私法的角度；另一個是從公法觀念的角度。四種情況是：(1)捐贈契約；(2)借貸契約；(3)眞正重新獲得的行爲；(4)誓言的保證。

法學家在這裡有一個通病，就是陷入一種謬誤，用一種默認的假設來處理這個問題。他的做法是，假定法律原則是客觀的和絕對的，公共的正義法庭有資格，甚至爲了它自己的好處，會必然採納這種法律原則，並且僅僅從這種主觀的意圖出發，法庭認爲它有資格去決定和判決所有屬於個人的權利。[43]因此，設法使這種區別爲人所理解，並引起人們對它的注意並非小事。

37. (1)捐贈契約

捐贈契約，表示把屬於我的一物或權利無償地轉讓。它包括以我作爲捐贈人的一方，另一人作爲受贈人一方，按照私法原則發生關係。藉由這個契約，我的東西便轉移到後者之手，他把它作爲一種禮物來接受。可是，這不能因此假定我有意約束自己強迫自己去遵守我的諾言；也不能假定我就此無償地放棄我的自由，也可以說，竟然達到不顧自己的程度。「沒有人會對自己置之不顧的。」根據權利的原則，這種情況倒是可能在文明狀態中發生，因爲在某種情況下，捐贈這件事中的受贈者能夠強迫我去履行我的允諾。如果這件事出現在法庭上，根據公共權利的條件，就必然會有兩種設想的結果，要麼捐贈人已經同意這種強制；[44]要麼法庭在判決書中不去考慮他是否有意保留原來的權利而撤銷他的允諾，只是僅僅提到已經肯定的事情，即捐贈一方的允諾條件和接受一方的條件。雖然允諾人一方因此認爲——這是易於被假定的——他並不必然地在任何情況下都受他自己允諾的約束，如果他在沒有實際履行允諾之前「後悔」了，而法庭又假定如果他心中有此想法，他應該明確地表示他保留了自己的權利。如果他沒有做出這種保留的表示，那就被認爲他可以被強迫去履行他的允諾。這是法庭所假定的原則，否則，正義的執行職能將受到無窮的阻礙，甚至成爲完全不可能。

38. (2)借貸契約

在善意借貸契約中，我讓某人無償地使用我的東西。如果借用的是一件東西，締約各方同意，借方將要把原物歸還到借出人權力之下。但是，接受這個借貸的一方，不能同時假定借出該物的物主會自主承擔該物的任何損失，或者讓它喪失其用途，而且，這些情況可能都是該物已經交給接受人之後發生的。因爲這種契約不能自然地被認爲該物的物主，除了該物的用途（他已把此物的用途讓與接受人）以及與這種用途有不可分的損耗都不計較而外，他還保證和擔保制止在使用該物的過程中可能發生的一切損害。相反地，爲了這個目標不得不訂立一項特別的附屬契約。可見，唯一可能發生的問題是：「借出人或借用人，是不是有責任附帶說明承擔該物可能發生的風險的條件；或者，如果雙方都沒有這樣做，那麼，雙方中的一方被假定同意或認可，要擔保借出的東西最後要歸還原物或它的等價物呢？」當然要，但不是借出人一方，因爲不能假定他「無償地同意」的意思會超過使用該物的範圍。因此，不能假定他必須承擔他的財物的損失。相反地，我們可以假定應該由借用人承擔此風險，因爲他由此所承擔和要做的事並沒有超出契約所包含的範圍。

例如，遇到大雨，我走進一個人家借用一件雨衣。可是由於不慎，使它和一些顏料接觸，[45]結果這件雨衣在我手中這段時間內被弄髒了；或者，當我走進另一個人家時把它放在一邊，被人偷了，在此情況下，如果我堅持我對此雨衣並無更多責任，只要把弄髒了的雨衣歸還它的主人便算了事；或者在後一種情況下，我只要說明它被偷了就算了事，那麼，誰都會認爲這個說法是非常荒謬的。因爲這樣一來，物主所能得到的，只不過是對他的損失表示幾句有禮貌的同情話而已，他不能根據權利和理由提出任何補償的要求。事實剛好相反，除非是當我借用一物時，由於我很窮，萬一此物在我手中遭到什麼損壞無力賠償偶然的損失，我便事先說明要解除自己應承擔的一切責任。沒有人會認爲這種聲明是多餘的或是荒謬可笑的，除非借方被認爲確實是個富有且樂於助人的人，否則，在這種情況下，如果借用一方不能按照萬一借用物遭到任何損壞時，便應該爽快地賠償的這一假定辦事，那麼，這差不多是一件恥辱。

根據這種契約的性質，對借出物可能遭到的損壞，不能在這種協議中明確地規定。善意契約就是一種不確定的契約，因爲對「同意」只能做上面那樣的假定。在任何情況下，判斷任何偶然的損失必須由誰來承擔的問題，不能從契約自身中的條件來決定，它只能由審判此事的法庭所採用的原則來判斷。法庭也只能考慮在契約中哪些是確定的規定，而唯一能確定的始終是把該物作爲財富來占有的事實。那麼，在自然狀態下所能通過的判斷，和在文明狀態中由公正法庭所做的判斷會有所不同。從自然權利的角度來判斷，將取決於該物內在自然的性質，它會這樣來規定：「如果損壞來自借出物自身自然增加的原因，則由借用人承擔」；而在文明狀態的法庭的判決書中會這樣規定：「損壞由借出人承擔。」後一個判斷不同於前一個作爲單純合理的理性判決，因爲公共判斷不能建立在雙方可能怎麼想的假定上。因此，那一方，如果他未曾通過特別附屬的契約免除承擔該物的一切損失時，則必須承擔這種損失。所以，下列兩方面的差異是一個重大的問題：一方面是，法庭必須做出的判斷；另一方面是，各人通過他個人的理性，都有資格把該物占爲己有的形式。在考慮法律判決時不應忽視這種差異。

39. (3) 再取得失物的權利

從上面已經說過的就可以清楚地看出，我的一件東西可以繼續爲我所有，雖然我可能並不持續地占有它。如果我沒有放棄或轉讓行爲，該物仍歸我所有。此外，很明顯此物的權利（物權）最終是屬於我的，它反對任何人占有它，並不僅僅反對某一特定的人占有它。現在的問題是，如果我沒有採取任何方式表示放棄它，雖然該物現在仍爲他人所占有，那麼，我的所有權是否必須爲其他的每一個人承認這是財富本身的連續性的權利。

一件東西可能丟失，於是在一種正直的、作爲假定的「發現」方式中落在另一人手裡，或者它可以經由當時此物的占有者，透過正式的轉讓而回到我的手中，此占有人同時還宣稱他是此物的所有者，雖然實際上並非如此。以後一種情況爲例，問題在於，既然我不能從一位非該物所有人的手中獲得此物，是否我就事實上被取消了對此物的一切物權，而只有對人權，反對不正當的占有人？顯然是如此，如果對這種獲得僅僅從該物的內在的合理根據來判斷，並且從自然狀態的角度去考慮，而不是根據一個公共法庭的方便去考慮。

任何可以轉讓的東西必須是能夠爲任何人所獲得的。可是，獲得的合法性卻完全決定於獲得的形式，其過程是，把別人所占有的東西轉讓給我，並爲我所接受。換言之，公正的獲得取決於該物的占有者和獲得者之間的交往，或者相互交換的法律行爲的儀式，用不著去追問占有者爲什麼要轉讓。因爲這樣做的本身就會成爲一種侮辱，其理由是：任何質問都要得當。例如，我買得一物，現在假定發現，這個占有者並非是該物的眞正的所有者，我不能認爲眞正的所有者有資格要求我負直接責任，或者眞有資格追究任何可能持有此物的人，因爲我本人並沒有從他那裡取走任何東西。例如，當他的白馬在公共市場被標價出售時，我按法律所規定的手續買了它，獲得的資格便無可指摘地是屬於我的；我作爲買者，並沒有被規定甚至也沒有權利去追究售貨人的資格問題。因爲這種追究的過程會成爲一系列的無窮盡的追究過程。由於這些理由，在這種正常和正式的買賣中，我不應該僅僅被認爲是假定的，而是這匹馬的眞正的所有者。

可是，立刻出現下面的法律原則反對這種主張。任何一個來自非該物物主的獲得，都是無效的和作廢的。我不能從任何另一人手中得到任何多於他自己正當擁有的東西；雖然從獲得的形式看，例如當我在市場上買了一匹被偷來的馬時，我是依照一切有關法律的條件辦事的，可是，還缺少一個眞正的資格來保證這個獲得，因爲這匹馬並非眞是賣者的財產。結果，在此情況下，我可能是一物的眞誠的占有者，在事實上，我仍然只是一個假定的所有者，因爲眞正的物主尚有再取得失物的權利來反對我的獲得。

如今，還可以問，從人們彼此交換中——從自然狀態的角度看來——根據交換的公正原則，一個外在物的獲得，這事本身有什麼權利和公正之處？在這種情況下，人們一定會承認，誰打算要獲得一物，就絕對有必要去探究他所想取得的這個物是否並非已經屬於他人。即使他認眞地遵守要求做的正式手續辦事，他可能占有一件可能屬於他人的財物，例如在市場上按照通常規定買了一匹馬，於是，他至多只能獲得對此物的對人權關係，因爲到此爲止，他尙不知道賣者是眞正的物主或者有可能不是眞正的物主。因此，如果一旦有人出來，並有文件證明對該物有優先的財產權，那麼，對這位新的所有者來說，現在他就一無所剩了，到那時，他只能得到作爲一位眞誠的所有者應得的好處。現在通常不可能在一系列假定的所有者中，發現誰是該物的第一個絕對的原始所有者，他們是一個傳一個地占有該物。所以，僅僅是外在物的交換，哪怕是非常出色地按公正的正式交換條件辦事，也不一定能保證絕對可靠的獲得。

在這裡，制定法律的理性，帶著分配公正的原則再次出現了。這個原則被採納爲占有的公正的標準，它不是指在自然狀態下每個個人的私人意志本身，它僅僅是在文明狀態中公正法庭是如何考慮做判決的，此判斷是由所有人的聯合意志構成的。由於這種關係，完成了獲得的正式條件（這只能算確定了對人權）就被假定爲滿足了必要的要求。這些條件起到了作爲物質條件的作用，於是買方從前一個假定的所有者那裡恰當地確立了財產的派生物，一直到取得那個僅僅構成對人權的自身的東西，並在法庭上取得物權的效果。這樣，當我買的那匹馬在公開的市場上出售時，根據市民法規定的條件買的，如果在轉讓中，我依照買賣的一切條件，已經確定地辦齊了，那麼該馬便成爲我的財產。但是，始終存在一種保留情況，即眞正的物主依然有提出反對那個賣者的權利。理由是，他有優先的未轉讓的占有權，否則，我的對人權便會因此而轉變爲物權。根據物權，無論我在什麼地方發現這匹馬，我可以拉住它並證明它是我的，用不著對賣者曾經如何占有此馬的方式負責。

因此，在法庭中，根據做出法律決定所需要的方便，有關此物的權利就不被看作是對人權，而被看作在此物自身中的物權，因爲這個物權是最容易地並明確地被判斷的。這種判斷就是根據接受和運用的純粹先驗的原則。根據這個原則，便可以制定各種法令。這些法令專門規定一些條件，只要依照這些條件去做，這個獲得的模式便是唯一合法的。這樣，法官便可以盡可能容易地和確定地判定每一個人應有的東西是些什麼。因此，俗話說「購買中斷了租借」，意味著根據事情的性質，所謂物權——即那個租借——僅僅被當作對人權來使用。而在上面所舉的例子中，情況恰恰相反，原來本身只是對人權卻取得了物權的效果。之所以會這樣，只是因爲當事情發生在文明狀態之下時，公正的法庭所遵循的指導原則要求在對個人的權利進行判斷時，盡一切可能做到謹慎穩妥。

40. (4) 來自誓言保證的獲得

只有一種理由，而根據這種理由人們可以主張：人們所受到的約束，在法律的關係方面與信仰和承認存在許多神或者一個上帝有關，這就是他們可能發誓的原因。他們出於害怕那洞察一切的上帝（最高權力）的報復，所以，爲了他們自己必須莊嚴地祈禱，如果他們的供詞有假，他們便強迫自己忠於說過的話，並實現自己的諾言。如果仔細觀察這種做法的過程，便可以發現人們發誓並不是出於道德的原因，而僅僅出於盲目的迷信。很明顯，這意味著在法庭面前，一種單純莊嚴的有關權利的聲明，不能企望在這種聲明中取得任何確實性。雖然誠實的義務當涉及人們中間最神聖的事情（即人的權利）的時候，必須始終表現爲不用證明（自我證明）的義務。於是請求償還的權利不得不建立在神話或偶然的動機上，以作爲想像的保證。所以，在雷簡人（Rejangs）中間（他們是蘇門答臘島上一個不信伊斯蘭教的異教民族），根據馬斯頓聖書（Marsden），他們習慣於對著死去的親屬的骨頭發誓，雖然他們並不相信死去的人還活在另一個世界裡。例如幾內亞的黑人對著他們的偶像（用鳥的羽毛造成的）來起誓，他們向偶像祈禱，因爲相信它會扭斷他們的脖子。還有其他的例子。上述這些例子，出於一種看不見的力量——不管它是否有理解能力——通過那些天然具有神奇的力量，誓言就能夠實現。這樣的信仰——一般稱之爲宗教，但應該叫它是迷信——卻是和公正的執行不可分割的。因爲，不加上這些做法，人們就不會說眞話，公正的法庭就沒有適當的手段去查明眞相，並去決定權利的問題。所以，規定一項有發誓責任的法令僅僅是出於法律權威的方便。

但是，問題發生在什麼樣的責任能夠建立在這樣的基礎之上，它能夠約束每一個人在公正的法庭面前，都接受他人的誓言作爲一種權利，以及相信他說的話是眞的、有效的，因而一切爭端都告結束。換言之，什麼東西能在法律上迫使我相信，另一個人所發的誓言具有任何宗教成分，於是我應該信服他的誓言，或者把我的權利取決於他的誓言？根據同樣理由，倒過來，我自己眞的能夠被約束去發誓嗎？很明顯，這兩個問題都說明它的本身在道德上是錯誤的。

可是，在與公正法庭的關係上——一般地說，在文明狀態中——如果假定在某些情況下，沒有比宣誓更好的辦法去獲得眞情，那就必須採用這種辦法。至於宗教，假定人人都信仰，它可以作爲必需的手段被利用，以便有利於公正法庭的合法程序。法庭利用這種精神強制形式作爲一種手段，那是因爲它符合人類迷信的傾向，爲的是弄清楚被隱藏的東西，因此，法庭認爲它這樣做是正當的。可是，立法權力把這種迷信的威力引進司法的權力之中，是一種帶根本性的錯誤，因爲，即使在文明狀態下，任何強制人們去發誓的做法都是和人類不可剝奪的自由相衝突的。

官吏的誓言（它一般是諾言）是當他開始進入一個政府機關時所做的，目的是促使他眞誠用心地去執行職務。這種誓言可以改成宣言式的誓言，在眞正任職之後一年或者更長點的時間後舉行，讓官吏發誓要在任職期間忠於職守。這樣的做法，也許會比那種允諾性的誓言在行動上更有誠意，因爲那種允諾性的誓言常常爲內在的藉口留有餘地，使發誓人可以用最誠意的姿態表明，那些在執行公務中出現的困難是無法預料的。此外，失職行爲，有被未來的監督官去蒐集的可能，那時候受到的指責給他帶來的不安，將要比把那些失職的事情僅僅一件接著一件地被指出來又被忘掉所帶來的不安更多。

由於發誓是涉及信仰的事情，很明顯，這樣的誓言不能由法庭提出要求來。(1)首先，因爲它自身包含著矛盾。這樣的信仰，作爲意見與知識之間的中間物，人們可以對它打賭而不能發誓；(2)其次，一位法官，爲了弄清楚與他自己意圖有關的任何事情，或者甚至是與公共福利有關的事情，而強制別人做出一項迷信的誓言，他就犯了大錯，因爲這是要求發誓人違背了本人的良心去發誓。這樣做就涉及兩方面：一方面，它助長了人心的輕率；[46]另一方面是良心的刺激，這使得一個人必定會感覺到，一個人，今天根據某種觀點很重視某件事情，明天又根據另一種觀點，很可能發現此事情是很不確實的。所以，任何人，他被迫去作一次這樣的發誓，就要準備承受一次損害。

從自然狀態的「我的和你的」過渡到一般法律狀態的「我的和你的」

41. 公共正義（公正）與自然狀態及文明狀態的關係

法律狀態是指人們彼此的關係具有這樣的條件：每個人只有在這種狀態下方能獲及他所應得的權利。按照普遍立法意志的觀念來看，能夠讓人眞正分享到這種權利的可能性的有效原則，就是公共正義。公共正義可以對各種對象（把它們看作是意志活動的對象），依據法律被占有的可能性或眞實性，或必要性等等關係來考慮。這樣可以把公共正義分類爲保護的正義、交換的正義和分配的正義。在第一種正義的模式中，法律僅僅說明什麼樣的關係，在形式方面內在地是正確的；在第二種正義的模式中，法律說明什麼東西在涉及該對象時，同樣是外在地符合法律的，以及什麼樣的占有是合法的；在第三種正義的模式中，法律通過法庭，根據現行法律，對任何一個具體案件所做的判決，說明什麼是正確的，什麼是公正的以及在什麼程度上如此。在後一種關係中，公共法庭被稱爲該國家的正義。至於實際上這種公共正義的執行是否眞的公正，可以看作是所有法律效益中最重要的問題。

無法律狀態是指一種沒有分配正義的社會狀態，通常稱之爲自然狀態，這不是如亞亨瓦爾（Achenwall）所說的社會狀態。因爲，這種社會狀態可能是一種人爲的狀態，不同於「自然的」狀態。與自然狀態相對立的是文明狀態，因爲這種社會是建立在分配正義之上的。在自然狀態中，也許甚至還存在法律意義上的社會形式——例如婚姻、父母的權威、家庭等等。可是，這些社會形式，無論如何都還沒有任何先驗的法則作爲一種必須遵守的責任，規定「你必須進入這種狀態」；但是，對於法律的狀態，則可以這樣說：「所有的人，如果他們可能甚至自願地和他人彼此處於權利的關係之中，就應該進入這種狀態。」

自然的或無法律的社會狀態，可以看作是個人權利（私法）的狀態，而文明的社會狀態可以特別看作是公共權利（公法）的狀態。在第二種狀態中，人們彼此相互間的義務，並不多於和異於前一種狀態下可能設想到的同樣性質的義務，個人權利的內容在這兩種狀態中其實是相同的。因此，文明狀態的法律，僅僅取決於依據公共憲法所規定的人們共存的法律形式。在這方面，這些法律必須被看成和被理解爲公法。

嚴格地說，這個文明的聯合體不宜稱之爲社會。因爲在文明的社會組織中，統治者和臣民之間通常是沒有社交來往的，他們並不是聯合夥伴，在一個社會中彼此平等地聯合起來，而是一方聽命於另一方。[47]那些可以彼此平等共處的人，必須認爲彼此是平等的，因此他們遵守共同的法律。這個文明聯合體與其被看作是一個社會，毋寧把它看作是正在形成一個社會。

42. 公共權利的公設[48]

根據自然狀態中個人權利（私法）的諸條件，就可以得出公共權利（公法）的公設。它可以這樣表達：「在不可避免的要和他人共處的關係中，你將從自然狀態進入一個法律的聯合體，這種聯合體是按照分配正義的條件組成的。」這個公設的原則，可以從分析外在關係中權利的概念而加以闡明，它和單純作爲暴力的力量是截然相反的。

一個人沒有責任去避免干涉別人的占有，除非別人給他一種互惠的保證，保證同樣避免干涉他的占有。鑑於別人的敵對意圖，他無需等待生活經驗爲他證實這種保證的必要性。因此，他沒有責任去等到自己付出代價來獲得這種實際的精明知識。他可以從自己身上認識到，他也具有那種要當別人的主人的自然傾向，當他們覺得在使用強力或欺詐方面比別人高一等時，就想去指揮別人，從而忽略了別人的權利要求。所以，一個人用不著親自領略那種眞正敵視的令人難受的經驗。每個人，從他第一次有資格對那些出於他們的本能已經在威脅他的人，行使合法的強制權時開始，就會得到這樣的知識。

只要人們有意繼續生活在沒有外部法律的、任意自由行動的狀態中，就可以說根本沒有什麼對別人做錯了或不公正的事情，即使他們彼此進行格鬥。因爲那些對某人合適而應該做的事情，對另一人也會同樣有效，好像是經過彼此商定了似的。可是，一般說來，他們如果尚處於並有意地處於沒有法律的狀態，他們被認爲是處於最嚴重的錯誤狀態之中。[49]因爲，在這種狀態下，沒有人能夠安全地占有他自己的財產，能夠抗拒暴力的侵犯。

要區分什麼是形式上的錯誤以及什麼是內容上的錯誤和不公正，就常常會發現要運用權利的科學。一個敵人，當他占領一個被圍困的要塞，不執行投降條件，虐待從要塞開拔走的士兵或者違反共同協議，如果在另一種場合下，他們也受到同樣的對待，那麼，他們就不能埋怨受到同樣的傷害或不公正。事實上，所有這樣的行爲，從根本上說都深深地陷入到最大的錯誤和最不公正的犯罪之中，因爲他們使權利概念的有效性喪失殆盡，放棄了一切，使用野蠻的暴力，如同行使法律自身一樣，其結果是普遍地推翻了人的種種權利。

◆註釋◆

【1】一般應譯為「私法」。——譯者

【2】德文本無此小標題。——譯者

【3】康德所說的第一種、第二種意義似乎說顛倒了，它們應該指上一段所說的感情的占有和理性的占有。——譯者

【4】康德在此所指的是，根據人的意志可以把任何一個物變成自己的財產。——譯者

【5】德文本僅有「3」的號碼而無文字小標題。——譯者

【6】德文本無此句。——譯者

【7】德文本無此句。——譯者

【8】這裡的「綜合命題」，應該理解為先天（先驗）綜合判斷的命題，這是康德的哲學用語，表達只有這種命題才能擴充我們的知識，並且有普遍性和必然性。——譯者

【9】德文本無後一句。——譯者

【10】這裡所說的「前」「後」，好像顛倒了。——譯者

【11】「constitution」一詞未譯為「憲法」，因為在康德的時代，尚未流行現代憲法的概念，它更多地指社會組織。——譯者

【12】德文本附了一條註（出版人註）：儘管可能存在著一種對外在物原來只能是共同的占有。——譯者

【13】、【14】原英譯文在此分別為Subject和object，但實際上僅指客體。另外，德文本中，此小標題無「主體」一字。——譯者

【15】物權和對人權都是康德從羅馬法中接受來的概念。他認為還有一種「物權性的對人性」，並自以為這是他個人在法學上的一大發現。——譯者

【16】康德指的是：反對所有其他的人占有該物的權利，此原則來自羅馬法「物權」的含義。——譯者

【17】康德所說的物權，與羅馬法所說的內容相同，即物主反對任何他人對此物的占有權。——譯者

【18】也可譯為「權限」、「權利」。現在譯為「資格」，含義的伸縮性大些。——譯者

【19】這是與「經驗的」相對的，非經驗的，屬理智上的獲得或占有概念。——譯者

【20】德文本在「責任去約束」下有重點符號。——譯者

【21】德文版無此標題，僅有三個「*」與上文隔開。——譯者

【22】德文版從「18」至「62」均無這些小標題。——譯者

【23】德文版無此「夫與妻」。——譯者

【24】「兩性關係」或者是自然的，透過這種關係，人類可以產生自己的種類；或者是不自然的，它又可以分為兩種，或者是指和對方屬於同一性別的，或者是非人的其他種類。不自然的兩性關係是違背一切法則的，對這種違反天性的罪犯，真是「無以名之」。他們違反了作為人的一切人性，不可能通過任何界線與任何例外，把他們從徹底的墮落中挽救出來。——康德原註

【25】德文版中第一段在英文版中變為註①，文字上也略有出入，意思一樣。如，德文版中說：「性的結合是相互利用，一個人利用另一個人的性器官和能力，或者是自然的利用，或者是非自然的利用……」。還有，德文版中無此節的第一句。——譯者

【26】德文版為「帶回到自己的權力之內」。——譯者

【27】納妾，也可譯為「非法同居」。——譯者

【28】德文版在「第二標題」前有一小標題：「家庭社會的權利」。——譯者

【29】這裡所說的法律，應理解為道德法則或自然法。——譯者

【30】康德在此加了一個長註，英譯本把此註改為正文，即下一段的：「我們甚至無法理解上帝……」。——譯者

【31】德文版無「主人與僕人」，這是英譯者附加的。——譯者

【32】德文版把此小標題列在「第三標題家庭成員的權利」之下，「30」之後無小標題。——譯者

【33】德文版無「因為他已經使……」這半句。——譯者

【34】德文版有一註，說這是「應該負有責任的契約」。——譯者

【35】德文版無此標題。——譯者

【36】康德在這裡已經意識到貨幣僅僅代表交換價值，而其他商品各具有其特殊的使用價值。——譯者

【37】應指金銀等或鑄幣。——譯者

[38] 商業繁榮的地方，既不用金子，也不用銅作為貨幣，它們不過是構成貨物的東西，因為金子太少，而銅又太多，太容易被帶進流通領域，於是有一度把前者分為很小的金塊，用來支付特定的貨物，而不是用大量的銅去換取很小的商品。所以，銀子（多少摻入一些銅）在世界大量貿易中被用來作為貨幣的真正材料，並用以計算所有價格的尺碼；其他金屬（還有更多的非金屬物質）只有在一種貿易有限的民族中取代銀子的地位。——康德原註（而這段註在德文版中是正文）。——譯者

[39] 在德文版中，下一段與此相連，並不分為兩段。——譯者

[40] 德文版無此小標題。——譯者

[41] 據德文出版者註，後半句在第二版中是沒有的。——譯者

[42] 這一段在德文版中是一個長註。——譯者

[43] 德文版在這裡還指出「法律原則與個人權利有很大的區別」。——譯者

[44] 德文版在這裡還有「這是荒唐的」一句評語。——譯者

[45] 德文版中還指明是「從窗戶灑下來的顏料」。——譯者

[46] 在這裡還有一句話：「這樣一來，法官就破壞了自己的意圖。」但只在德文第一版中有，而第二版中沒有，所以英譯本中也沒有這句話。——譯者

[47] 德文版尚有「並非平起平坐的」一句。——譯者

[48] 本書英譯者黑斯蒂在一八八七年的譯文中用的是「個人權利」和「公共權利」。一九一一年美國波士頓出版的康德的《永久和平論》中，改為「私法」和「公法」，在許多情況下，後一種譯法更為確切些。——譯者

[49] 在德文版中，康德這裡有一個長註，英譯者移作正文，即為下一段。——譯者

第二部分　公共權利（公法）

那些需要公布的法律體系在文明社會中權利的原則[1]

43. 公共權利的定義與分類

公共權利包括全部需要普遍公布的、爲了形成一個法律的社會狀態的全部法律。因此，公共權利是這些法律的體系，公共權利對於人民（作爲組成一個民族的一批人）或者對於許多民族，在它們的相互關係中都是必須的。人民和各民族，由於他們彼此間的相互影響，需要有一個法律的社會組織，把他們聯合起來服從一個意志，他們可以分享什麼是權利。就一個民族中每個人的彼此關係而言，在這個社會狀態中構成公民的聯合體，就此聯合體的組織成員作爲一個整體關係而言，便組成一個國家。

(1) 國家，從它是由所有生活在一個法律聯合體中的具有公共利益的人們所組成的，並從它的形式來看，叫做共同體或稱之爲共和國（指這個詞的廣義的含義而言）。有關這方面的權利原則構成公共權利的第一部分：國家權利或者民族權利。[2] (2) 其次，國家，如果從它和其他人民的關係來看，叫做權力，由此產生主權者的概念。從另一方面來看，如果組成國家的人民的統一體假定是一代一代傳下來的，那麼，這個國家便構成一個民族。在那公法的普遍概念下，除了個人狀態的權利外，又產生另一部分權利（法律），它構成了「萬國權利」（法律或萬國公法）或稱國際權利。(3) 再其次，地球的表面不是無止境的，它被限制爲一個整體，民族的權利（法律）和國際的權利必然最終地發展到人類普遍的法律觀念之中，這種法律可以稱之為世界的權利（法）。民族的、國際的和世界的權利，彼此關係如此密切，以致在這三種可能的法律關係形式中，如果其中任何一種不能通過法律體現那些應該用來調整外在自由的基本原則，那麼，由其他兩種公共權利來建立的立法結構也將同樣被破壞，整個體系最終便將瓦解。

一、國家的權利和憲法[3]

44. 文明結合體和公共權利的起源

我們並非從一個外在的權威的立法出現之前的任何經驗中，就認識到人們之間的自然侵犯的規律，以及使他們彼此發生爭鬥的罪惡傾向。在這裡也用不著假定，僅僅是由於偶然的歷史條件或事實，才造成必須有公共的立法的強制措施。因為權利問題，無論安排得如何得當，或者如何值得稱讚，人類可以被認為只考慮他們自己，這個尚未用法律加以調節的社會狀態的理性觀念，必須作為我們討論的出發點。這個觀念指出，在一個法律的社會狀態能夠公開建立之前，單獨的個人、民族和國家絕不可能是安全的、不受他人暴力侵犯的。這種情況從人們的思路中便可以看得很清楚，每個人根據他自己的意志都自然地按著在他看來好像是好的和正確的事情去做，完全不考慮別人的意見。因此，除非決心放棄這個法律的社會組織，否則，人們首先不得不做的事，就是接受一條原則：必須離開自然狀態（在這種狀態中，每一個人根據他自己的愛好生活），並和所有那些不可避免要互相來往的人組成一個政治共同體，大家共同服從由公共強制性法律所規定的外部限制。人們就這樣進入了一個公民的聯合體，在這其中，每人根據法律規定，擁有那些被承認爲他自己的東西。對他的占有物的保證是透過一個強大的外部力量而不是他個人的力量。對所有的人來說，首要的責任就是進入文明社會狀態的關係。

根據這樣的理由，人類的自然狀態不一定要描述成是絕對不公正的狀態，好像最初人們相互間的關係不可能是別的，而只能是一切決定於武力。如果自然狀態曾經存在過，那麼，這種狀態必定會被認爲不是透過法律來調整的社會狀態，一旦發生權利問題的爭執，便找不到一個有強制性的法官對該爭執做出有權威性的法律裁判。如果任何人必須用武力來抑制別人，那麼，從這種沒有法律的生活狀態進入有法律的文明社會狀態就是合情合理的。雖然個人根據這樣的權利的觀念可以由於占領或契約而獲得外在物，但是，在自然狀態中，這樣的獲得只是暫時的，只要這種獲得尚未經公共法律的認可。因爲在沒有得到這種認可之前，占有的條件不決定於公共分配的公正，也沒有爲任何執行公共權利的權力所保證。

如果人們在進入文明狀態之前，並沒有意思去承認任何公正的獲得，哪怕是暫時的，那麼，這種社會狀態本身就不可能產生。因爲，僅僅根據理性的概念，去觀察在自然狀態中那些關於「我的和你的」的法律，[4]它們在形式上所包含的東西，正是人們在文明狀態中所制定的那些東西。只不過，在文明狀態的種種（獲得的）形式中，各種（獲得）條件才被制定。根據這些條件，那些在自然狀態中正式的由於長期使用而獲得的權利，符合分配的公正才成爲現實。可見，如果在自然狀態中甚至連暫時的外在的「我的和你的」都沒有，那麼，對人們來說，也不存在任何法律的義務，其結果就不存在任何要從自然狀態過渡到進入其他狀態的責任。

45.國家的形式和它的三種權力

國家是許多人依據法律組織起來的聯合體。這些法律必須要被看成是先驗的必然，也就是，它們一般來自外在權利的概念，並不是單純地由法令建立的。國家的形式包含在國家的理念之中，應該從純粹的權利原則來考慮它。這個理想的形式爲每一個眞正的聯合體提供了規範性的標準，以便把聯合體組織成一個共和國。

每個國家包含三種權力，人民的普遍聯合意志，在一種政治的「三合體」中人格化。它們就是立法權、執行權和司法權。(1)立法權力在一個國家中具體化爲立法者這個人；(2)執行權力具體化爲執行法律的統治者這個人；(3)司法權力具體化爲法官這個人，他的職務是根據法律爲每個人裁決，哪些東西歸他所有。這三種權力可以和實踐的三段論中的三個命題作對比：那主要的作爲大前提，規定意志的普遍法則；那次要的根據作爲小前提原則的法則，提出可以應用到一次行爲的命令；而結論包括判決書，或者，在具體案例中正在考慮的權利的判決。

46.立法權和國家的成員

立法權，從它的理性原則來看，只能屬於人民的聯合意志。因爲一切權利都應該從這個權力中產生，它的法律必須對任何人不能有不公正的做法。如果任何一個個人按照他與別人相反的觀點去決定一切事情，那麼，他就可能經常對別人做出不公正的事情。但是，如果由大家決定，並頒布作爲他們自己的法律，就絕不會發生這種事情。俗話說：「自己不會傷害自己。」可見，只有全體人民聯合並集中起來的意志（這就是每一個人爲全體決定同一件事，以及全體爲每一個人決定同一件事），應該在國家中擁有制定法律的權力。

文明社會的成員，如果爲了制定法律的目的而聯合起來，並且因此構成一個國家，就稱爲這個國家的公民。根據權利，公民有三種不可分離的法律的屬性，它們是：(1)憲法規定的自由，這是指每一個公民，除了必須服從他表示同意或認可的法律外，不服從任何其他法律；(2)公民的平等，這是指一個公民有權不承認在人民當中還有在他之上的人，除非是這樣一個人，出於服從他自己的道德權力所加於他的義務，好像別人有權力把義務加於他；(3)政治上的獨立（自主），[5]這個權利使一個公民生活在社會中並繼續生活下去，並不是由於別人的專橫意志，而是由於他本人的權利以及作爲這個共同體成員的權利。因此，一個公民的人格的所有權，除他自己而外，別人是不能代表的。

具有選舉權的投票能力，構成一個國家成員的公民政治資格。但是，這種投票能力，卻又是先假定這個單獨公民在該國人民中，具有自給自足的獨立性，也就是說，他不能僅僅是這個共和國的偶然附屬部分，而是此共和國的一個成員，和其他的人一起在此社會中行使他自己的意志。這三種性質中的最後一種性質，必然涉及構成積極公民身分和消極公民身分的區別，雖然消極公民身分的概念看來與公民的定義有矛盾，下面的例子也許可以解決這個矛盾。例如，一個商人（或做買賣）的學徒，一個不是國家僱用的僕人，一個未成年的人，所有婦女以及一般說來任何一個不是憑自己的產業來維持自己生活而由他人（除了國家）安排的人，都沒有公民的人格，他們的存在，也可以說，僅僅是附帶地包括在該國家之中。如同我在莊園裡僱用的伐木人；如同印度的鐵匠：帶著他的錘子、鐵砧、風箱到那些僱用他的人家中幹活。他們不同於歐洲的木工或是鐵匠，後者能夠拿出屬於自己的勞動產品作爲商品公開出售。還有，駐校助教與校長有區別；在田裡工作的人與農場主有區別等等，這些都是說明兩種不同身分的公民有區別的例子。在上述例子中，前一種人和後一種人的區別在於，前者在共和國中的地位只是次要的，不是它的積極的獨立成員，因爲他們需要別人的指揮和保護，因而他們本人不具有政治上的獨立自主。[6]像這樣意志上依賴別人以及由之而來的不平等，無論如何，並非和那些構成人民的個人（作爲人）的自由和平等對立的。甚至可以這樣說，正是由於這些情況，人民才能變成國家，並且進入一個文明的社會組織。但是，並非所有的人，根據該國憲法都具有平等資格去行使選舉權，並成爲這個國家完全的公民，也不是所有的人都只是受它保護的消極的臣民。儘管消極的公民有資格要求其他所有公民，根據本質是自由與平等的法律去對待他們，可是，作爲這個國家的消極組成部分，他們沒有權利像共和國的積極成員那樣去參與國家事務，他們無權重新組織國家，或者通過提出某些法律的辦法而取得這種權利。在這種情況下，他們所能提出的最大的權利就是：不論制定實在法的方式如何，可以要求這些法律必須不違反自然法（它要求所有人民都取得自由以及取得與此相符的平等），因此，必須讓他們有可能在他們的國家內提高自己，從消極公民到達積極公民的條件。

47. 國家的領袖人物和原始契約

在一個國家中的三種權力，都是高職位的。此外，由於它們的產生必須來自國家的理念，並一般地構成這個國家的政體（或憲法）[7]基礎的主要部分，它們便被看作是政治上的高職位。它們包含這樣的關係：一方是一個普遍的統治者，作爲國家（根據自由的法則，國家只能是聯合成一個民族的人民自身）的領袖；另一方是組成這個民族的個人，作爲臣民的群眾。在這種關係中，前一種人員是**統治**的權力，他的職務是治理；後一種成員構成該國的**被統治**者，他們的任務是服從。

人民根據一項法規，把自己組成一個國家，這項法規叫做**原始契**約。這麼稱呼它之所以合適，僅僅是因爲它能提出一種觀念，通過此觀念可以使組織這個國家的程序合法化，可以易爲人們所理解。根據這種解釋，人民中所有人和每個人都放棄他們的外在自由，爲的是立刻又獲得作爲一個共和國成員的自由。從人民聯合成爲一個國家的角度看，這個共和國就是人民，但不能說在這個國家中的個人爲了一個特殊的目標，已經犧牲了他與生俱來的**一部**分——外在的自由。他只是完全拋棄了那種粗野的無法律狀態的自由，以此來再次獲得他並未減少的全部正當的自由；只是在形式上是一種彼此相依的、受控制的社會秩序，也就是由權利的法律所調整的一種文明狀態。這種彼此相依的關係，產生於他自己的那種有調整作用的立法意志。

48. 三種權力的相互關係和特性

國家的三種權力，按它們的彼此關係看，就是：(1)彼此協作，如同許多法人那樣，一種權力成為另一種權力的補充，並以這樣的辦法來使得國家的政體趨於完善；(2)它們彼此又是從屬關係，這樣，其中一種權力不能超越自己的活動範圍去篡奪另一方的職能，每一種權力有它自己的原則，並在一個特定的人的手中保持它的權威，但是，要在一位上級長官意志的指導之下；(3)經過上述兩種關係的聯合，它們分配給國內每個臣民種種他自己的權利。

考慮到三種權力各自的尊嚴，也可作這樣的解釋：最高立法者的意志，就它有權決定什麼是構成外在的「我的和你的」而論，它要被認為是不能代表的；最高統治者的執行職能要被認為是不能違抗的；最高法官的判決要被認為是不能撤銷的，不能上訴的。

49.三種權力的不同職能。國家的自主權

(1)執行權屬於國家的統治者或攝政者，不管他是以一個法人或一個個人（像國王或君主）的形式出現。這個執行權力，作為國家最高代表，任命官吏並對人民解釋規章制度。根據這種解釋，各個人可獲得任何東西，或者依據法律保持屬於他自己的東西；根據執行權力的申請，每個訴訟案件便告成立。這個執行權力，如果作為一個法人來看，便構成政府。政府向人民、官吏以及國家的高級行政長官制定和頒布的命令是布告或法令，而不是法律。因為他們是針對特定事件的決定，而且作為不可改動的決定來發表的。一個政府，作為一個執行機關去行動，同時又像立法權那樣制定和頒布法規，它會成為一個專制政府，而且必然和愛國政府截然相反。一個愛國政府又與父權政府不同，後者是所有政府中最專制的，它對待公民僅僅就像對待孩子那樣。一個愛國政府卻是這樣的一個政府，它一方

面把臣民當作大家庭中的成員，但同時又把他們作爲公民來對待，並且依據法律，承認他們的獨立性，每個人占有他自己，不依附於在他之外的或他之上的他人的絕對意志。

(2) 立法權力不應該同時又是執行權力或管理者。因爲管理者作爲一個行政官員，應該處於法律的權威之下，必須受立法者最高的控制。立法權力可以剝奪管理者的權力，罷免他或者改組他的行政機關，但是，不能懲罰他。這就是英國人通常說的「英王，作爲最高執行權力，不可能做錯事。」這句話恰當的和唯一的意義。因爲任何懲罰的運用將必然成爲這樣一種行動：執行權——這個根據法律而產生的最高強制權力，它自身卻要從屬於強制，這是自相矛盾的。

(3) 不論是立法權或是執行權都不應該行使司法職務，只有任命法官作爲行使此職務的官員。只有人民才可以審判他們自己，即通過那些由人民在自由選擇下選舉出來的公民，代表他們去審判，甚至專門任命他們去處理每一個司法程序或案件。法庭的判決是一種公共分配正義的特殊法令，這種正義是由一個法官或法庭，作爲一個符合憲法規定的執行法律的人員，對於作爲人民中之一的臣民所做出的判決。這樣的一項法令，並不當然就有權力決定並分配給任何人那些是他所有的東西。在人民中間，每一個人由於他和最高權力的關係中只能屬於被動一方，執行機關或立法機關在處理有關個人財產的爭執時，都可能對他做出不當的決定。這並不是由人民自己做出的決定，或者由某些人對他們的公民夥伴們宣布「罪名」或「無罪」的判決。因爲對於一個訴訟案件的爭論要作結論，法庭必須引用法律，法官通過執行機關才有權對每一個人分配給他應得的東西。因此，只有人民才能恰當地對一個案件做出判決——雖然是間接的，即通過他們選舉的和授權的代表在陪審法庭上做出判決。寧可由低於國家元首的人來當法官，因爲在審判工作中，他說不定會摻雜自己的得失而做出不當的事情，這樣，他就應該接受當事人向上一級申訴的要求。

正是由於三種權力——立法、執行、司法——的合作，這個國家才能實現自己的自主權。這個自主權包括：依照自由的法則，組織、建立和維持這個國家自身。在三種權力的聯合中，國家的福祉得到實現。古話說，「國家的福利高於法律」。可是，這種福利不能僅僅理解爲個人的富裕和這個國家公民的幸福，正如盧梭所斷言，也許在自然狀態甚至在一個專橫的政府統治下，會更愉快地、更稱心地達到這個目標。但是，國家的福祉，作爲國家最高的善業，它標誌著這樣一種狀態：該國的憲法和權利的原則這兩者之間獲得最高的和諧。這種狀態也就是理性通過絕對命令向我們提出的一項責任，要我們爲此而奮鬥。

由文明聯合體的性質所產生的憲法和法律的後果

(1) 最高權力的權利；叛國；廢黜；革命；改革[8]

最高權力的來源，對於受它的權力支配的人民說來，實際上是不可思議的。換言之，臣民在實際關係中無須對最高權力的來源加以深究，好像國家最高權力要人民服從它的權利尚有疑問似的。因爲，爲了取得判斷國家最高權力的資格，這時候的人民必須假定他們已經在一個共同的立法意志之下聯合起來了，如果要判斷的話，只能判斷當前的國家最高元首的意志。問題發生在這裡，一次規定服從的眞實契約，原來就訂立在公民政府成立之前，此事是否屬實；或者，是否這個權力產生在先，而法律只是以後才有的，或者可能是這樣的順序。由於人民事實上已經生活在公民的（或文明的）法律之中，[9]這類問題或許完全是無目的的，或者是對國家充滿微妙危險的。因爲，如果臣民在探究國家的起源後，起來反對當前進行統治的最高權力，他就會提出：他是一個公民，要根據法律和完整的權力才能對他加以懲罰、毀滅或剝奪公民權。法律是如此神聖和不可違反，它自身就表明必須來自最高的、無可非議的立法者，以致哪怕對它只有一絲懷疑，或對它的執行停止片刻，那實際上是犯罪。這就是下面一條格言的含義：「一切權力來自上帝。」這個命題並不是說明公民憲法的歷史根據，只是作爲實踐理性的一種理想原則。這也可以改爲另一種說法：「服從當前立法權力所制定的法律是一種義務，不論它的來源是什麼。」結果是，一個國家中的最高權力，對臣民只有權利並無義務。此外，如果作爲最高權力機關的統治者或攝政者有違法措施，例如徵稅、徵兵等等，如果違背了平等法則去分配政治負擔，臣民對這種不公正的做法可以提出申訴和反對意見，但不能積極反抗。

在政治性的憲法中，甚至沒有一條條文會規定，當萬一發生最高權力侵犯了依照憲法制定的法律時，在該國之內有一個權力可以反抗，或者，甚至限制它。因爲那個可以限制國家最高權力的人，必須具有更大的權力，至少也要與它要去限制的權力一樣大。如果誰有合法權力命令臣民去抵抗，此人也應該有能力去保護他們，如果他被認爲有能力判斷每一案件的審判是否正確，那麼，他也可以公開命令進行抵抗。但是，這樣一個人本來並不是眞正的權威，卻會因此而成爲最高權力者，這是自相矛盾的。這個最高統治的權力，如果由一位長官行使，他同時又是該國的統治者，結果便成爲專制者。

那種引起人民（他們只能正當地享有立法的影響）去想像的緊急手段，即通過他們的代表去限制統治權的辦法，並不能因此就可以掩蓋和隱瞞這樣一個政府的眞正專制主義，即不暴露其行政長官在執行他的職務時所用的辦法和手段。當人民在他們的國會中有他們的代表時，人民在此情況下，可能在保證他們的自由和權利的人們當中有這樣的一些人：他們對自己的和家庭的利益特別關心，他們期待的是在陸軍、海軍和公共機關中能給他帶來好處的長官。人民與其提出抗拒政府的不恰當的要求（政府的公開聲明應該事先取得人民一方的同意，但是，無論如何，抗拒是不可能和平地得到允許的），他們寧願始終準備去做對政府有利的事情。所謂有限制的政治性憲法，作爲該國國內權利的一部憲法，是一種虛構，與其說它符合權利原則，毋寧說它只是一種權宜的原則。上述憲法的目的，並不是爲了在路上設置盡可能多的障礙物，來防止一個強有力的侵犯者通過政府有意的影響，去侵犯人們廣泛的權利。這類憲法的目的，更多地是給他自己造成一種幻覺，認爲人民享有反對權。

在任何情況下，人民如果抗拒國家最高立法權力，都不是合法的。因爲唯有服從普遍的立法意志，才能有一個法律的和有秩序的狀態。因此，對人民說來，不存在暴動的權利，更無叛亂權。最不該的是，當最高權力具體化爲一個君主時，藉口他濫用權力，把他本人抓起來或奪去他的生命，這還有什麼合法性可言呢？哪怕是最輕微地嘗試這樣做，也是重大的叛逆罪。這樣一個有意推翻他的國家的叛徒應該受到懲罰，作爲政治上的叛國罪，甚至可以處以死刑。人民有義務去忍受最高權力的任意濫用，即使覺得這種濫用是不能忍受的。理由是，對最高立法權的任何反抗，只能說明這與法理相悖，甚至必須把它看作是企圖毀滅整個法治的社會組織。爲了給這種反抗予以合法的資格，那就需要規定一項公法去允許它。然而這樣一來，最高立法就由於這一項法律而不再是最高的，但作爲臣民的人民，將會成爲統治者去統治他們本來要服從的那個人（機構），這是自相矛盾的。如果問：「在人民和統治者爲雙方的這個爭辯中，誰該去當法官？」這個矛盾會變得更爲明顯。因爲人民和最高統治者在憲法上或法律上被認爲是兩個不同的法人；如果允許人民反抗，對此問題的答覆等於是：人民必須成爲在他們自己的案件中的法官。【10】

廢黜一個國王，也可以被認爲是一個王朝自願地退位，並放棄他的權力，把權力交還到人民的手中；或者可能是有意的投降，條件是：對國王本人不予任何侵犯，目的在於讓這個國王可以離位去過平民的生活。但是，無論如何不能藉口緊急避難權便可以認爲，人民這一方使用武力的強迫手段是公正的，更沒有絲毫權利以君主過去的劣政爲理由去懲罰他。要考慮到以統治者的名義所作的一切必須被認爲都是根據必需的權利去做的；還要考慮到作爲法律源泉的統治者，他自身是不能做錯事的。在一切令人憎惡的事情中，用革命去推翻一個國家，甚至謀殺或暗殺君主還不是最壞的事情。因爲這種事情之所以可能發生，那是因爲人民出於害怕，唯恐萬一讓那君主活著，他還可能奪取政權並懲罰人民。另外，這種事情也可能發生，但它並不是一種懲罰性的正義行爲，而僅僅是出於自我保存。公開地正式處死一個君主，使那些心中充滿人權理想的人感到震驚，每當想起查理一世和路易十六結束他們生命的情景時，這種感覺就一次又一次地出現在人們心中。對這種感覺應作如何解釋呢？這不是一種單純審美的感覺，來自想像力的作用；這也不是同情，把我們自己想像爲那個受害者。相反地，這是一種道德感情，產生於我們關於權利的一切理解全部被否定了。簡言之，弒君被認爲是一種不容易改變的，並且是永遠不能贖罪的罪行，它猶如神學家宣稱的那種既不能在人間，也不能在另一個世界得到寬恕的罪惡。對這種現象的解釋，在人們心中看來，好像提供了下面的一些見解，這些解釋甚至對政治權利的原則提出了一些令人深思的啓發。

對法律的每一次違犯，只能並且必須解釋爲這是產生於犯法者的行爲準則，即他把這種錯誤的做法作爲他自己行爲的規則。因爲，如果不是把他看作是一個自由的生靈的話，就不能把違法行爲加在他身上。可是，人們絕對無法說明，爲什麼任何有理性的個人，會制定這樣的準則去反對那些由立法的理性所發出的那種明顯的禁令。因爲，只有那些僅僅根據自然的機械法則而發生的事件，人們才能夠對它們做出解釋。現在，一個違法者或一個罪犯，可能違犯了假定是客觀地或普遍有效的，對他自己說來也是規定什麼是錯誤的行爲規則或準則；或者，他的違法行爲僅僅是對這種規則的一次例外，偶然忘記了自己的責任所致。在後一種情況下，他只是離開了法律，雖然他是有意這樣做的。他可以同時既厭惡他自己的違法行爲，又沒有正式拒絕服從法律，而僅僅是想迴避法律。在前一種情況下，他抵制了法律的權威，他無論如何都無法在他自己的理性面前否認法律的有效性，即使他把這種反對法律的做法作爲他自己的行動準則，所以，他的這種準則不僅是有缺陷的，消極地與法律相抵觸的，甚至還是有意違法的，直接與法律牴觸，與法律是處於敵對地位的。我們對這種違法行爲的認識與理解，從表面上看來，似乎人們不可能幹出那些完全邪惡無用的錯誤和罪行的，可是，在一個道德哲學體系中，對這種極端邪惡的想法是不能忽視的。

這就是每當想到一個國王被他的人民正式處死時所感到的恐怖。其理由是，任何一種謀殺行爲必須被認爲是構成一種行爲準則規律的例外。這樣的一種處死事件，必須被認爲是對那些應該用來調整統治者和他的人民之間關係原則的一次澈底的墮落。本來，人們得以合乎憲法規定的存在，應歸功於頒布法律的統治者，現在，由於這種原則的墮落，使得人民成爲統治者並去統治原來的統治者。因此，單純的暴力就這樣帶著無恥的標誌被提高了身價，也可以說，它在原則上高於最神聖的權利。這種墮落，猶如深不可測的深淵吞沒了一切而不留下半點痕跡；又好像一個國家對自己進行了一場自殺，進行了一場無法贖罪的惡行。因此，理性假定同意這些處死的決定，並不是眞正地建立在假定的權利原則上，它僅僅是出於對報復的恐怖：如果那個被處死的權力一旦在國內復活，就會迫害人民。因此，可以這樣認爲，提出處死和隨之出現的儀式或場面，其目的只能使這些做法看起來好像是一種懲罰，猶如一種法律程序的伴隨物。這種儀式和場面，不能與單純的謀殺或暗殺同時發生。可是，這種掩蓋罪行的做法完全沒有達到它的目標，因爲這種託詞如果來自人民一方，甚至比謀殺本身更爲惡劣，它包含著一項原則：一個國家一旦被推翻，就必定使它不可能再恢復。

有時候，更改有缺陷的國家憲法是很有必要的。但是，一切這樣的變更只應該由統治權力以改良的方式進行，而不能由人民用革命的方式去完成。如果進行更改時，它們只影響於執行權力，而不是立法權力。有一種政治憲法是這樣宣稱的，人民通過他們在國會的代表，可以合法地抗拒執行權力和代表它的部長。這種憲法被稱爲有限制性的憲法。可是，即使在這種憲法之下，也不存在積極的抗拒權，例如通過一種隨意的人民組合體去迫使政府採取某種積極的程序，因爲這種做法就可以假定爲：人民自己行使執行權。一切公正地許可做的事，只能是消極的抗拒，也就是人民的一方採取拒絕的行動，對執行權力的──可能是出於行政機關的利益而認為必要的──一切措施不予認可。如果這種權力從來就沒有行使過，毫無疑問，這是一個明顯的標誌，說明：那裡的人民已被腐蝕，他們的代表接受了賄賂，政府最高元首變得專橫，他們的部長實際上背叛了人民。

再者，當革命成功並在此基礎上制定了一部新憲法，只是這部憲法開始時的非法性以及制定它的非法性，並不能免除臣民設法使自己（作為良好的公民）去適應事物的新程序的責任；他們也沒有資格拒絕忠誠地服從在此國家中已經取得權力的新統治者。如果一個被廢黜的君主在這場革命中活下來了，就不能由於他是前任行政元首而召他來進行查詢，如果他隱退下去過著一種平民的生活，更不能因此而懲罰他，因為他寧願過安靜與和平的生活，而不願去過被放逐的不安定生活，哪怕他確有冒一切危險妄想恢復他的權力的意圖。為此打算，他也可能採用發動祕密的反對革命的辦法，或者通過其他國家幫助的辦法。如果他傾向於採用後一種辦法，他仍然有此權利，因為把他從他的位置上趕走的叛亂本來就是不合法的。可是，問題在於其他國家是否有權，以這樣一個被廢黜的君主的名義結成同盟，其目的僅僅是使人民所犯的罪行不至於不受報復，或者消滅該國人民，把該國人民作為所有國家的恥辱。此外，他們是否可以因此合法地被請來，用武力恢復該國以前曾經存在過但已經被一場**革命**拋棄了的憲法。關於這個問題的討論，不屬於公法這一節的內容，而是屬於下一節關於民族權利[三]的內容。

(2)土地權。世俗的和教會的土地。徵稅權；財政；警察；檢查[12]

統治者，從他作爲具體化的立法權力來看，他是否應該被認爲是土地的最高所有者，或者僅僅作爲通過法律去統治人民的最高統治者？由於土地是最高的條件，只有根據這個條件，才能把外在物變爲個人所有，對土地可能的占有和使用，構成最初可能獲得外在權利的基礎。因此，一切外在權利必須來自作爲土地的主人，和土地的至高無上者的統治者；或者，也許可以更恰當地比作土地的最高所有者。構成臣民大眾的人民，（作爲人民）屬於該國的統治者，這不是以物權的意義上說他是人民的所有者，而是從對人權來說，他是他們的最高指揮官或頭目。這種最高所有者的身分，只不過是公民憲法的一種觀念，根據法律上的概念，被具體化並可以表達爲：該國人民所有的私人財產有必要聯合起來置於一個公共的普遍的占有者之下。這樣來表達這種關係是爲了使得它可以成爲一種基礎，於是其他特殊的有關財產的權利都可以由此決定。它不是開始於單純是聚集物的原則，即那種經驗地從部分到整體的發展，而是根據權利概念去劃分土地的必然形式的原則。根據這個原則，最高的普遍所有者，不可能把任何一部分土地作爲他自己的私人所有，因爲這樣一來，他就把自己變成一個私人了。只有人民才能私有土地並且是按分配方式取得而不是按集體方式取得。在此條件下，無論如何，一個遊牧民族必須被看作是例外，因爲他們在土地方面根本不存在私人財產。因此，最高所有者不應該擁有任何私人產業，無論是爲他私人使用或是供應他的朝廷使用。因爲，如果他有私人產業的話，他占有多少就全憑他的高興了，這麼一來，該國就會出現危險，因爲所有的土地都被拿到政府的手中，所有臣民都將被當作土地的奴隸來對待。這是由於這些所有者所占有的東西，完全是別人的私有財產，那些失去財產的人便可能因此被剝奪一切自由，並被看成是農奴或奴隸。對於土地的最高所有者，可以這樣說，他不占有任何東西作爲他自己的，除了他自身而外。如果他和其他人一樣在國家中也占有資料，就有可能因爲那些資財而與他人發生爭執或訴訟，但卻不會有獨立的法官去審判這種案件。然而，也可以這樣說，他占有一切，因爲他對全體人民擁有最高的統治權利，他把全部外在資財個別地分給人民，這樣，由他決定如何分配給每個人，哪些東西應歸哪一個所有。

於是，這個國家中不可能有任何社團，也沒有任何階級和等級。因爲根據某項確定的法令，土地所有者可以把土地遺留給後代，他永遠可以自己獨家使用。國家可以隨時以補償倖存者的利益爲理由，取消和廢除所有這樣的法令。構成貴族的騎士階層，被看作是唯一的階層或階級，他們是有特殊權利的人；還有教士階層，稱爲教會，這兩種人都要服從上述措施。他們絕不能根據任何世襲特權，可以取得某種資格去享有什麼利益，他們不能取得絕對的土地財產權，可以把土地傳承給他們的後代，他們只能取得這種財產的暫時使用權。如果公共輿論根據其他安排，已經停止迫使國家在保衛土地期間向騎士階層呼籲他們的軍人的忠誠，那麼，根據這種條件賜給他們的產業便可以收回。同樣，教會的土地收入，國家可以毫無顧慮地要求收回，如果公共輿論停止迫使該國成員爲了死後的靈魂而保留一大批人：例如爲了生者而保留一批作爲祈禱的人，並保留了衆多的牧師，作爲保護他們不受永恆的烈火燒身之苦的手段。可是，在上述兩種情況之下，補償現存者的利益這個條件必須遵守。誰在這個過程中跟不上改革的運動，就沒有資格埋怨他們的財產被拿走。因爲他們原先占有的根據，僅僅決定於**人民的輿論**，這種占有的有效性，僅僅看支持這種占有的人民輿論延長到什麼時候而定。一旦贊成這種制度的公共輿論逐步消失，或者甚至在下面這樣的人的判斷中已經廢除了上述的兩種所有權，他們是通過人所共知的功績去領導和提出廢除它們而擁有最高發言權的人。於是，我們所說的那種假定存在的占有資格就必須停止，好像有人爲此向國家提出公訟似的。

最先取得土地的最高所有者的資格，是依靠統治者的權利而來的，他作爲該國的普遍的所有者，**有權**確定土地的私人所有者，有權徵收種種賦稅和決定該國人民應得的東西，或者爲國家應盡的義務，諸如在戰爭期間可能需要做的事情。但是，應該這樣做的理由，確實是人民向他們自己徵收賦稅，這是根據權利的法律去行動的唯一的模式。這種做法可以通過代表人民的代表機構這樣的中間組織來完成。當國家遇到緊急危機時，允許強制性借款作爲授予統治者的一種權利，雖然這種做法可能是對現存法律的一種背離。

根據這個原則而建立起管理國家經濟的權利，包括財政和警察的權利。警察要特別關心公共**安全、公共方便和正派**。關於最後一項（爲了公共禮節而需要的感情或消極的感受），最重要的是，不要因爲受了下面一些情況的影響而不注意禮節：乞丐、無秩序的吵鬧聲、難聞的氣味、公開的賣淫或者其他有礙道德感情的東西，因爲對人有禮貌非常有利於國家通過法律去管理人民的生活和工作。

爲了保衛國家還要有**檢查權**。這個權利授予公共的統治者去偵查有無祕密社會組織（政治的或宗教的）存在於人民中間，它們能夠對公共福利施加不利的影響。因此，一旦警方提出要求，這樣的祕密社會絕不能拒絕公開它的章程。但是，警察查詢和搜查私人住宅，只有在必要的情況下才是合法的。在任何特殊情況下，必須由高一級統治機關的授權才能行動。

(3) 對窮人的救濟。建立慈善收容院。教堂[13]

統治者，作爲人民義務的承擔者，主要是爲了人民自己生存有關的目的而有權向人民徵收賦稅。特別要指出的是對窮人的救濟，建立收容院以及建築教堂（基督教），否則就要組織慈善基金會或者善意性的基金會。

第一，人民已經實際上通過他們的共同意志聯合起來成爲一個社會，這個社會必須永遠保持下去。爲此目的，他們就要服從國家對內的權力，以便保存這個社會的成員，甚至當他們無力維持他們生活的時候。根據國家的基本原則，政府有理由並有資格強迫那些富裕的人提供必要的物資，用以維持那些無力獲得生活最必需資源的人的生活。爲了這個國家的有資產者的生存，就需要他們服從國家並取得保護，以及由國家向他們提供生存所必需的條件。因此，國家有權對他們加以一種責任，讓他們獻出財物來維持他們公民夥伴的生存。這件事可以通過向公民的財產或商業資財徵收賦稅，或者建立基金會從中收取利潤來達到。這樣做不是爲了國家的需要，國家是富足的，這是爲了人民的需要。要完成這項任務，還不能僅僅靠志願捐助，必須作爲對國家的負擔去強迫徵收，因爲，在這裡我們所考慮的僅僅是國家對人民的權利。在蒐集這種捐助的志願捐款模式中，抽彩給獎的方法是不允許的，因爲這種辦法會增加窮人的數目，並且會危及公共財政。人們可以問，是否應該用當前的捐獻來救濟窮人，這樣，每一代人都應該支援同時期的窮人；或者是否可以用更好的辦法，透過永久性的基金會和慈善機構來處理，例如建立鰥寡院、慈善收養院等等？如果前一種辦法比較好，還可以考慮，必需的生活資源的蒐集是否可以按法定的估計數字去徵收，這樣比用乞求的方式實質是近乎掠奪的辦法較好些。前一種辦法實際上必須被認為是唯一符合國家權利的方式，這表明國家不能不關心必須生活下去的每一個人。但是，用法律規定的當前提供供應品的辦法，不能成為窮人謀生的職業，不能成為懶人謀生的手段。因為這樣一來，窮人的數目會增加，慈善基金會組織對此不免害怕；採取捐獻的辦法也不能造成是政府強加於人民的一項不公正或不正當的負擔。

第二，國家還有權加給它的人民一種義務去保護兒童，使他們免於困乏和不知廉恥，否則他們會慘遭殺害。因為國家不允許眼看著它的力量被消滅的危險性有所增加，不管這種措施在某些方面可能不受歡迎。但是，人們會考慮，如果為了保護兒童的目的，向未婚的有資財的兩性雙方強行徵收款項可能是不公正的，好像要他們為了不幸的事情分擔責任似的。此外，人們還會考慮，為了上述目標而建立慈善收養院，或者執行其他符合權利的辦法是否更好一些。問題是，凡是已經提出的對此難題的解決辦法，總不免在某種程度上要觸犯權利或道德，因而，此問題迄今尚未能解決。

第三，這裡所說的教堂，僅僅指基督教建立的機構，因而必須謹慎地把它和宗教分開。宗教，作為表達人們內心感覺的一種方式，它與國家權力的行為完全無關。教堂是人民公開做禮拜的地方，它來自人民的主張或者信仰。教堂的建立，是符合國家的真正需要的。由於人民認為他們還是一個看不見的最高權力的臣民，他們對此權力表示崇敬，所以他們感到需要教堂。這樣做可能經常帶來與國家權力的不愉快的衝突。所以，國家對這種關係具有權利。但是，不能認為這是對教堂有什麼依據憲法而來的立法權，以致認爲國家可以按照對教堂最有利的辦法去組織教堂，或者指定和用命令給人民規定信仰和宗教儀式，所有這些都必須全部留給教堂自己選擇的教師[14]和管理人員去決定。國家在這方面的作用，僅僅有消極的權利，用以調整這些公眾教師[15]對於世俗的政治共同體的影響，使這種影響不至於對公共和平及安寧抱有成見。因此，國家必須採取措施，每當教堂內部發生爭執時，或者幾個教堂之間彼此發生衝突時，使之不至於危及國內的安定團結，這項權力屬於省級的警察機關。如果國家最高權力進行干預，並去決定一個教堂信奉的特殊教義是什麼，或者用法令規定要永遠遵守某種教義不能變更，教會不能自己進行改革，這都會有損於國家最高權力的尊嚴。因爲這種做法，會使這個最高權力捲進一場學究式的爭論，並和臣民站在平等的立足點上。這樣一來，這個君主便把自己變成一個教士，而教會人士則甚至會埋怨最高權力絲毫不懂得教義。這種做法最突出的結果是等於禁止教會從內部作任何改革。凡是作爲整體的人民，不能爲他們自己做出決定的事情，也不能由立法者代替人民來做出決定。可是，沒有任何一個國家的人民能夠理智地對他們內心的信仰問題做出較爲進步的決定，因而決定絕對不許他們對教會組織進行改革。因爲，這將會和人們自身的人性相違背，也和他們的最高權利相違背。所以，最高統治者不要爲人民決定和判決這些事情。根據同樣理由，關於維持宗教事業的費用問題，決不能從國家的公共財政中開支，而只能由人民中對該教會有特殊信仰的那些人來負擔，也就是說，這筆費用只應作爲一項負擔落在有關教區之上。

(4) 在國內委派官吏權和授予榮譽的權利【16】

國家最高統治者的權利還包括：

①委派官吏，對公共的、有薪金的公職人員的任命；

②授予**榮譽稱號**，給無薪金的公職人員以各種等級的榮譽稱號。這些稱號僅僅基於榮譽，但是在政治地位上卻定出了高低不同的等級。低等級的人，雖然他們自身是自由的，可是根據公法規定的責任，要服從高等級的人，因爲後者還有發布命令的資格；

③除了上述相對來說是慈善性的權利之外，國家最高統治者還被授予執行**懲罰的權利**。

關於**國家官吏**，就有這樣一個問題：統治者任命某人一官職之後，他是否有權僅僅出於他的高興便可以免去此人的官職，而任此職位的人並沒有犯過任何失職行爲。我說：「不能。」因爲，凡是人民的聯合意志對他們的國家官吏絕對不會做出決定的事情，統治者也不能對他們做出決定。人民既然必須擔負由於任命一個官吏而需要的費用，毫無疑問，只有人民才希望任何在職的官吏，完全有勝任該職務的能力。可是，這種能力只能經過長期的準備和訓練才能獲得，而這個過程必然需要時間，時間的長短由不同的職務所要求的才能來決定。隨意決定和頻繁調動當然會影響（這是一條規律）那些安排到各種職位去工作的人員，沒有獲得該職務所要求的技能，因爲他們的判斷能力未能在實踐中鍛煉成熟。這一切都和國家的目的相牴觸。除此而外，爲了人民的利益，要讓每個人有可能從較低的職位升到較高的職位，否則後者便會落入能力不強的人手中。對於有充分能力的官吏，一般應該給予某種終身待遇的保證。

國家榮譽稱號，不但包括那些與一個公共機關有關的官員，而且包括那些獲得這些榮譽稱號而對國家並不負擔什麼工作的人們，即較高階級或階層的成員。這部分人物構成貴族，他們的成員有別於構成人民中大多數的普通公民。貴族階層由他們的男性後代來繼承，這些貴族身分也給予他們的非貴族出身的夫人們。貴族家庭的女性後代卻不能把她們的貴族身分傳給她們的非貴族出身的丈夫，相反的，她們只能把自己降到普通市民的地位。在這樣情況下的問題是，統治者是否有權建立一種世襲的貴族階層和階級，使他們處於統治者和人民之間？這個問題的重要性不在於建立這樣一種組織，從統治者自己和人民的利益來看，是否與統治者的深謀遠慮相一致，而在於這樣是否與人民的權利相一致，如果竟然有一個階級在他們之上，該階級的人和他們一樣都是臣民，然而卻生來成為向他們發號施令的人，或者至少是有特權的優等人？對此問題的回答，如前面所說，可以從下面的原則推論出來：「構成全體臣民大多數的人民，對那些涉及他們自己以及與他們聯合的公民也不能做出決定的事情，在憲法上也不能規定由統治者代替人民來決定。」現在，世襲貴族是這樣的階層，他們享受先輩的功德，但沒有任何充分的理由，所以這種階層只是一種想像的沒有現實根據的存在物。人們對他們不抱有希望。因為，如果有一位祖先確有功績，他也無法把它傳給他的後代。所以，他的後代必須要為他們自己取得這種功績。事實上自然界沒有這種安排，即那些對國家有功績的天才和意志都具有遺傳性。同時，也不能假定任何個人會放棄他的自由，所以全體人民的公共意志不會同意這種毫無根據的特權，因此，統治者不能使得這種特權生效。但是，也會發生一種異常的情況：有些臣民會比普通公民優越些，因爲這些人生活在官宦家庭，我是世襲的教授，[17]他們的先輩在古老的年代就已經滑進了政府這個大機器中。在封建體系中，這種機器差不多總是因戰爭而被設立起來的。在這種情況下，國家對這種謬誤（錯誤地造成的階層）的處理，不能採取突然中斷的辦法，只好採用逐步廢除的補救手段，即對這種世襲的職位不予塡補，讓它們只成爲空位。這樣，國家可以暫時有權讓這些榮譽稱號繼續存在，一直到公共輿論對此問題有成熟的認識爲止。到那時，便可以把人分爲統治者、貴族、人民三類的情況變成兩種等級，而且是唯一自然的分類，即統治者和人民兩種等級。

實際上，在一個國家中，每個個人不會完全沒有榮譽的稱號，至少他有一個公民稱號，除非由於犯罪而被剝奪了公民身分。作爲一個犯人，他仍然繼續活著，但他已成爲別人意志的單純的工具，不論是國家的或者是某一特定公民的工具。如屬後一種，只能通過法律的裁判才能把他置於這種地位。事實上，他已變成了一個奴隸，並且像財產那樣屬於別人，此人不僅僅是他的主人，而且還是他的所有者。這樣的一個所有者，有資格把他作爲物去交換或是出讓，這位所有者可以按照自己的意志來使用他，但不能出於侮辱的意圖；主人可以任意使用這種人的勞力，但不能處置他的生命和他的家屬。任何人不會讓自己和這樣一個不獨立的人發生法律關係，因爲後者已經停止作爲法律上的人（主體），而只有作爲法律上的人才能夠和他人訂立契約。可是，一個人可以把自己和別人用一項僱用契約聯結起來，依此而履行某種服務。訂立這類契約是允許的，但是，關於服務的標準和數量以及他是否接受工資或膳宿或保護作爲報酬等等，都全部留下另做決定。那麼，他只不過成爲一個僕人並服從主人的意志，而不是奴隸。但是，這只是一種幻想，因爲主人既然有資格隨意使用這些臣民的氣力，主人便可以用盡僕人的氣力——如同黑人在甘蔗島上（Sugar Island）已經發生過的情況一樣——主人可以折磨他們的僕人直到絕望和死亡。不過，這僅僅適用於那些僕人們實際上已經把自己作爲財產交給了他們的主人的情況，如果他們是享有法律權利的人，就不可能發生這樣的事情。一個享有法律權利的人，訂立契約後只是去做在質和量兩方面都有界限的工作；或者作爲日工；或者作爲供給住宿的下屬。在後一種情況中，他參加一項契約，可以租借他主人的田地來使用，規定付給一定的租金，或者交上一部分地裡的收成，或者可以訂立契約，把他自己作爲勞力，到他人的田地上去工作。但是，他並不因此把自己變成奴隸或附屬於土地的農奴，因爲那樣一來，他便放棄了自己的人格。他只能訂立暫時性的、頂多是一項可以繼承的租約。即使他犯了罪，僅僅是他一個人變成服從於他人的人，而這種服從條件並不能變爲繼承性的，因爲，這只是由於他自己的錯誤才對自己造成的後果負責。任何人不能因爲某人是奴隸所生，便說由於供應費的理由也把這些人變成奴隸，因爲這種教養是一項絕對的義務，天然地加上父母身上的義不容辭的義務。一旦父母成爲奴隸，這種責任就轉移給他們的主人或所有者，由於他們占有了這樣的下屬，他們自己便有責任去履行這種義務。

(5) 懲罰和赦免的權利

① 懲罰的權利[18]

執行懲罰是統治者的權利。他作爲最高權力，對一個臣民，由於他犯了罪而加痛苦於他。但是，國家元首卻不能因此而受到懲罰，只是可以免除他的最高地位。任何人違犯公共法律，做了一個公民不該做的事情，就構成犯罪：或者是簡單地犯了私法的罪，或者是犯了公法的罪。私法罪行由民事法庭審理；公法罪行由刑事法庭審理。接受委託做買賣而在金錢或貨物上貪汙、投機，在貿易或出售貨物中弄虛作假，如果這些是當著受害人的面做的話，屬於犯了私法罪。另一種情況是，鑄造僞幣或者僞造交換證券、盜竊、搶劫等等屬於犯了公法罪，因爲受到危害的不僅僅是一些個別的人，還有共同體。人類罪行分爲兩種，一是卑鄙性質的，一是暴力性質的。

司法的或法院的懲罰不同於自然的懲罰。在後者，罪即是惡，將受到自身的懲罰，這不在立法者考慮的範圍。法院的懲罰絕對不能僅僅作爲促進另一種善的手段，不論是對犯罪者本人或者對公民社會。懲罰在任何情況下，必須只是由於一個人已經犯了一種罪行才加刑於他。因爲一個人絕對不應該僅僅作爲一種手段去達到他人的目的，也不能與物權的對象混淆。[19]一個人生來就有人格權，它保護自己反對這種對待，哪怕他可能被判決失去他的公民的人格。他們必須首先被發現是有罪的和可能受到懲罰的，然後才能考慮爲他本人或者爲他的公民夥伴們，從他的懲罰中取得什麼教訓。刑法是一種絕對命令。不能根據法利賽人（Pharisees）的格言：「一個人的死總比整個民族被毀滅來得好。」於是要求犯罪者爬過功利主義的毒蛇般彎彎曲曲的道路，去發現有些什麼有利於他的事，可以使他免受公正的懲罰，甚至免受應得的處分。如果公正和正義沉淪，那麼人類就再也不值得在這個世界上生活了。按法利賽人的觀點，如何能夠讓一個已經判處死刑的犯人活下去呢？那就是：事前告訴他，如果他同意在他身上進行某些危險的實驗並幸運地通過這些嘗試而未死的話，他便可以被允許活下去。有人宣稱，醫生可以用這種辦法去獲得新的資料，而這種資料對公共福利是有價值的。對這一類由任何醫務機構提出的建議，正義的法庭會蔑視地加以拒絕。因爲，如果正義竟然可以和某種代價交換，那麼正義就不成爲正義了。

但是，公共的正義可以作爲它的原則和標準的懲罰方式與尺度是什麼？這只能是平等的原則。根據這個原則，在公正的天秤上，指標就不會偏向一邊的。換句話說，任何一個人對人民當中的某個別人所作的惡行，可以看作是他對自己作惡。因此，也可以這樣說：「如果你誹謗別人，你就是誹謗了自己；如果你偷了別人的東西，你就是偷了你自己的東西；如果你打了別人，你就是打了你自己；如果你殺了別人，你就殺了你自己。」這就是報復的權利。不過，還要清楚地了解，這有別於單純個人的判斷，它是支配公共法庭的唯一原則。根據此原則可以明確地決定在質和量兩方面都公正的刑罰。所有其他的標準都是搖擺不定的，出於其他方面考慮的標準，都不包含任何與「純粹而又嚴格的公正判決」一致的原則。也可能有這種情況，社會地位不同的人會不同意採用報復的原則，即「以牙還牙」。雖然不能在所有的情況下都嚴格採用這個原則，但是，作爲效果來說，可以在實踐中始終是有效的，例如對較高的社會階層在處理上和情緒方面給以適當的尊敬表示。可是，以言語上的損害來說，可能找不出金錢上的罰款與誹謗的不公正之間有什麼直接的比例關係，因爲富有者有能力憑著他經濟上的優越而放縱自己。榮譽遭到攻擊而受害的一方，可以使損害他的人的傲慢受到同等的痛苦，特別是後者，如果法庭判決他不但要當眾撤回誹謗和向受害人道歉，而且還要受到某種很不舒服的折磨，例如，要他親吻受害人的手等等。根據同樣理由，如果一個社會地位較高的人粗暴地侮辱了一個社會地位較低的無辜公民，他不但要被判向受害人道歉，而且還會因此受到單獨的和痛苦的禁閉，以加重他的難受。這樣，冒犯者的虛榮心將會受到沉重的打擊，按照他的身分，他所受的這種羞辱便是根據「以牙還牙」的原則構成一種充分的報復。可是，我們如何理解「如果你偷了別人的，你就偷了你自己」這種說法呢？這種說法表明了，無論誰偷了什麼東西，便使得所有人的財產都變得不安全，這樣，根據報復的權利，他也就剝奪了自己財產的安全。這樣的一個人是一無所有的，也不能獲得什麼東西，但是，他還想生活下去，這只可能由別人來養活他。可是，國家卻不能無緣無故地這樣做，爲了生活下去的目的，他必須放棄他的權力而把它交給國家，由國家處予刑罰性的勞役。於是，他要暫時地或者也可能是一輩子降落到奴隸的境地。但是，謀殺人者必須處死，在這種情況下，沒有什麼法律的替換品或代替物能夠用它們的增或減來滿足正義的原則。沒有類似生命的東西，也不能在生命之間進行比較，不管如何痛苦，只有死。因此，在謀殺罪與謀殺的報復之間沒有平等問題，只有依法對犯人執行死刑。處死他，但絕對不能對他有任何虐待，使得別人看了噁心和可厭，有損於人性。甚至假定有一個公民社會，經過它所有成員的同意，決定解散這個社會，並假定這些人是住在一個海島上，決定彼此分開散居到世界各地，可是，如果監獄裡還有最後一個謀殺犯，也應該處死他以後，才執行他們解散的決定。應該這樣做的原因是讓每一個人都可以認識到自己言行有應得的報應，也認識到不應該把有血債的人留給人民。如果不這樣做，他們將被認爲是參與了這次謀殺，是對正義的公開違犯。

因此，對罪犯與懲罰之間的平等，只能由法官的認識來決定，根據報復的權利，甚至直到處予死刑。很明顯，從事實上看，只有法院的判決才能作爲對一切犯人內在邪惡輕重的宣判。人們從下面一個事例中便可看到，不但因爲是謀殺犯必須處死，就是由於政治上的罪行也是足夠處予極刑的。根據歷史，有一個假設的案例可以說明這個道理。在蘇格蘭人（Scots）最後一次叛變中，有各種人參加了（諸如巴爾默里諾（Balmerino）和其他人等），他們認爲，參加叛亂僅僅是爲了撤銷他們對斯圖亞特王朝（the house of Stuart）的義務。但是，也有一些人出於私人動機和利害的原因。現在，假定最高法院考慮他們的情況後做出這樣的判決：每個人有自由選擇下面兩者之一的懲罰，死刑或終身勞役。從這兩種選擇中，我認爲一個有榮譽感的人會選擇死刑，而一個惡棍就會選擇勞役。這是他們人性本質所做出的決定。因爲，有榮譽感的人認爲，他的榮譽價值高於他的生命本身；而一個惡棍所考慮的只是活下去，雖然是羞辱地活著，但是在他的心目中覺得，活著總比死去好。[20]無可置疑，前一種人比其他人的罪小，可是，如果對這兩種人同樣都判決死刑，他們只能相同地都被處死。對前一種人來說，如果從他的高貴的品質來考慮，處死是一種較輕的刑罰；然而對後一種人來說，從他惡劣的品質考慮，這卻是一種較重的刑罰。但是，從另一方面來看，如果對這兩種人同樣都判終身勞役的話，那麼，對那些有榮譽感的人來說，這將是過於嚴厲的懲罰了，而對另一些人來說，根據他們惡劣的本性看，卻是過輕的刑罰。遇到要判處一大幫人糾合在一起的陰謀集團，根據公共正義的形式，懲罰和罪行兩者最好的平衡點是：都判處死刑。除了上面所說的之外，從未聽說過一個因謀殺而被處死刑的犯人竟會報怨對他的判決超過了權利和公正的原則。如果他說這樣判決違反了權利和公正的原則，那麼，誰也會用輕蔑的眼光看他的，否則，就必然要承認，雖然根據報復的原則，在法律上並沒有對該犯人有什麼不公正和錯誤。但是，立法權卻沒有資格採用這種懲罰的方式，如果立法權力採取這種決定，那就會自相矛盾了。

可是，可能有許多人曾在一件謀殺案中謀殺過人，或者曾經下令這樣做的，或者在行動上促成並參與了謀殺，這些人都應該處死。這是根據建立在理性的普遍法律之上的司法權力的觀念，公正決意如此處理。但是，參與一件謀殺案的謀殺犯其數目可能甚多，以致國家考慮處死這些犯人時，感到喪失這麼多的臣民會使國家很快處於危險之中。但是，國家不願意因此而解體，更不願意回到情況壞得多的自然狀態下，在那裡連外在的正義也沒有。最重要的是，通過刑場上一大堆屍體來展示正義，並不能平息人民的情緒。在這種情況下，往往必須允許統治者運用他的權力，在必要時參與他有責任過問的審判，並做出決定：對那些罪犯不判處死刑而判處其他刑法，從而保存人民中一大批人的生命。放逐的刑罰就與這種處理有關。這樣的判決方式，不能依據一項公法來辦理，而只能通過一種最高權力的尊嚴的、帶有特權性的權威行動來處理，作爲在個別案件中運用赦免權的一次行動。

貝加利亞侯爵（Marquis Beccaria）反對這些理論，他提出了不同的觀點。他出於人類感情的同情心，堅持所有的極刑本身都是不對的和不公正的。他提出了自己的看法：死刑不可能包括在最早的公民契約中，如果有此規定，人民中每一個人就必須同意，當他謀殺任何一個他的公民夥伴時，他就得償命。可是，貝加利亞認爲這種同意是不可能的，因爲沒有人會這樣來處理自己的生命。他的說法完全是詭辯的和對權利的顛倒。沒有人忍受刑罰是由於他願意受刑罰，而是由於他曾經決心肯定一種應受刑罰的行爲，因爲事實上，任何人願意去體驗的東西絕對不是刑罰，也不可能有什麼人願意去受刑。「如果我謀殺任何人，我將受刑」這句話沒有別的含義，它只是說：「我自己和所有其他公民同樣遵守法律。」如果在人中間有什麼罪犯，他所違反的法律當然也包括刑法。一個人，作爲共同立法者之一，制定了刑法，他不一定就是根據這項法律而受到懲罰的同一個人（作爲臣民）。因爲作爲犯人，他不可能被認爲在立法機關中有他的一票，立法者在理性上被看作是公正的和高尚的。如果有人制定一項刑法，把他自己作爲罪犯來制裁，必然是那純粹司法性的立法的理性所決定的，這種理性使他自己把自己也作爲一個可能犯罪的人，所以他把自己作爲另一個人來看待，他和這個公民聯合體的其他人都要遵守這項刑法。換言之，這並不是由於人民單個個別地去判決的，而是由公共的正義法庭（犯人除外）來判處極刑。這不能認爲，社會契約包含了每一個人的同意：允許他們自己將要受到懲罰，同意這樣處理他們自己和他們的生命。如果懲罰的權利必須基於犯錯誤的人的允諾，那麼，他就要被認爲是願意受到懲罰，而且還有必要讓他們認識到他自己應該受到懲罰。這樣，這個犯人便成爲他自己的法官。這種詭辯的最大謬誤在於，認爲對犯人的判決必須由他自己的理性去決定，即他有責任去忍受失去自己生命的痛苦，作爲一項判決，它必須建立在他決心結束自己生命的決定上。這樣一來，我們所說的權利的執行者，同時也是這個權利的審判者，即這兩種人結合成爲一個人了。

無論如何，有兩個都該處死的犯人，可是人們仍然懷疑，立法是否有權對他們處以極刑。人類的榮譽感導致他們的人格長在。有一種起源於尊重婦女的榮譽感，另一種是尊重軍人的榮譽感。這兩種榮譽感都會對某個人產生一種（作爲義務的）眞誠、義不容辭的榮譽感情。前一個人犯了母親殺害嬰兒罪；後一個人犯了在決鬥中殺死戰友罪。立法者不能去掉私生子罪的羞恥，也不能洗淨附著在怯懦嫌疑上的汙點，如果一個軍官不用他自己不怕死的努力去抗議一種帶給他令人輕視的舉動。因此，在上述情況下，這些個別的人，如果在自然狀態下都會被寬恕。在上述兩種情況中，他們的行爲都必須被稱爲殺人而不是謀殺，因爲後者有邪惡的意圖。對這樣的行爲，毫無疑問都應該給予懲罰，但是不能由最高權力處以死刑。一個不合婚姻法而生出的私生子來到人間，他就不受法律的保護。這樣一個嬰兒，也可以說，就像一些違禁的貨物被帶進了國家，由於在這種方式下，他沒有法律上存在的權利，因而毀滅它也同樣可以被看作無罪。當這個母親未婚分娩的事情爲人所知時，任何法律條文也不能清除她的羞恥。同樣，一個下級軍官，如果受到一種侮辱，爲同伴的輿論所迫，他就非去決鬥不可，像在自然狀態那樣，對侮辱者的懲罰，只能以決鬥的結果來論斷。在決鬥中，他自己的生命也處於危險之中，並不能得到公正法庭法律手段的保護。採用決鬥的手段是顯示他的勇敢，而勇敢這種品質又是維護他的軍人榮譽的最重要的基礎，哪怕這樣的結果會殺死他的對手。如果這種情況是公開發生的，並且雙方都同意，雖然這樣做可能出於無奈，但不應稱爲謀殺。那麼，上述兩種情況涉及罪犯有什麼樣的公正權利呢？在這裡，刑法的公正，事實上常被帶進巨大的窘境之中，很明顯，要麼宣布榮譽的意義，在這裡，榮譽肯定並非僅僅是一種玄想，法律對它不能置之不顧；要麼從應受的懲罰去衡量這個罪行，而這樣做就會變成過於寬容或者殘酷。要想解開這個疙瘩就要用下面的辦法，依照刑法的絕對命令，凡違犯法律而殺人者必須處死，這個命令依然有效。但是，當立法本身和公民的憲法普遍仍處於野蠻和不完善的情況下，它們是有缺陷的。這就是爲什麼在人民中間，榮譽的主觀動機的原則與一些客觀上符合另一種意圖的標準不一致的理由。於是，國家頒布的公共公正，相對地說來就變成不公正了，而人民卻擁護這種不公正。

② 赦免的權利[21]

赦免的權利，從它對犯人的關係來看，是一種減刑或完全免除對他的懲罰的權利。從統治者一方來看，它是所有權利中最微妙的權利。因爲，由於行使這種權利，可以爲他的尊嚴添加光彩，但也會因爲這樣做了而犯大錯。這種權利的行使，不能用在臣民彼此間侵犯的罪行上，因爲這樣一來，被免除懲罰的罪行，可能是對臣民做了一件非常不公正的事情。只有對偶然發生的某種有損於統治者本人的叛逆罪，他才應該行使這種權利。如果免除一種懲罰，人民的安全將會受到危害，那麼，在這樣的情況下，就不應該行使赦免權。這種權利是唯一值得稱之爲「君主的權利」的。

50.公民和他的祖國及和其他國家的法律關係；移居（他國）；僑居；流放；放逐[22]

根據政治的憲法，人們不必要依據什麼特殊的法律條文，而只要他出生在該國，便是該共和國的公民，他們居住的地方或領土就稱爲他們的國家或祖國。外國是指這樣的一個地方，在那裡沒有上述條件，但他們可以作爲國外來居住。如果一個國外的國家在本國政府的管轄之下，並構成本國領土的一部分，那麼根據羅馬人（Roman）習慣使用的名稱，便構成一個省。[23]它並不構成帝國的一個組成部分，從而成爲平等的公民夥伴的住地，它僅僅是帝國的占有物，好像一個較低的家族，它必須尊敬對它享有管轄權的作爲「母國」的國家。[24]

(1)一個臣民（也就是把它看作是公民）有移居出境的權利。因爲他所在的國家不能把他看成似乎是它的財產而留住他。但是，他只能帶走他的動產，而不能把不動產帶走。不過，他有資格出售他的不動產而把售得的金錢帶走。

(2) 最高權力，作爲一國之主，有權批准外國人移居入境，並對外來人和拓殖者給以居留的地方。即使該國的本地居民爲此感到不痛快，但是，如果在那居留地內他們的私人財產沒有受到妨礙或縮減，統治者的意志便維持不變。

(3) 如果有一個臣民犯了罪，影響到他的公民同胞的整個社會組織而對國家不利時，最高權力有權決定把他流放到國外的一個國家去。由於這種驅逐措施，他不享有他被流放到的那個國土上的公民所享有的任何權利。【25】

(4) 最高權力，一般還擁有放逐的權利。根據這種措施，一個公民便被送到荒遠的「國土之外」的地方。由於最高權威者對這個公民已撤回一切法律的保護，這就等於把他變成一個在他自己國家領土上的「法外人」。

51. **國家的三種形式：一人主政政體；貴族政體；民主政體**

一個國家的三種權力（一般包括在公共政府的概念之內），僅僅是人民的聯合意志的許多關係，這種意志來源於先驗的理性，它還被看作是國家最高元首的純粹觀念的客觀實踐的體現。這個最高元首就是統治者。但他只能被理解爲全體人民的代表，這個觀念還需要在某個人身上具體化。此人可以表現爲該國的最高權力，並積極地使這個觀念符合大眾的意志。最高權力與人民的關係可以設想有三種不同的形式：或者是一個人在一國中統治全體；或者是一些人，他們按照彼此平等的關係聯合起來統治其他所有的人；或者是所有的人共同對每一個人（包括他們自己在內）個別地進行統治。因此，國家的形式或者是一人主政；或者是貴族政體；或者是民主政體。君主制（Monarchy）一詞和這裡所說的一人主政的概念不大相同，因爲君主是擁有最高權力的人，而一人主政者，他是擁有一切權力的人。所以，後者是統治者，而前者則代表統治權（主權）而已。

很明顯，一人主政政體是一個國家最簡單的政府形式，只有一種關係，即國王一人和人民的關係。因此，只有一個人是立法者。貴族政體，作爲一種政府形式卻是由兩種關係結合起來的關係：一種是貴族們作爲立法者彼此發生關係並因此構成了主權；另一種是統治權力對人民的關係。民主政體是所有國家形式中最複雜的，因爲它首先要把所有人的意志聯合起來組成一國的人民，然後必須委任一個統治者來統治這個共同聯合體，而此統治者只能是這個共同體的聯合意志本身。至於那些由於暴力的干擾和非法篡奪權利，因而把上述三種政體混雜起來的種種政體形式，例如寡頭政體和暴民政體以及所謂混合政治組織的討論，這些都是非常重要的問題，在此均不詳細論述，以免把問題弄得過於複雜。

至於一個國家中權利的行使（或執行）機構，可以說最簡單的模式是最好的。可是，從它對權利本身的影響來看，這種模式對人民來說卻又是最危險的，因爲考慮到專制主義是很容易產生於行政權力的簡單化。毫無疑問，理性有一條準則，那就是在國家這個機器中，追求一種簡單化，即把人民在強制性的法律之下聯合起來，如果人民全都是聽話的，並且只服從統治他們的那一個人，這種情況將是安全可靠的。但是，這種方式卻不能使臣民同時又是該國的公民。人們有的時候說，他們應該滿意地認爲君主政體（把它看作是一人主政的政體）是最優良的政治社會組織，如果君主是個好人，這就是說，如果這個君主的判斷是正確的並決意按此去執行，可是，這僅僅是一種遁詞，屬於聰明動聽的同義詞的重複。這只是等於說：「最好的政體就是由最好的統治者來擔任國家的最高行政元首。」這還等於說，最好的政體就是最好的。

52. 歷史的淵源和變遷。純粹的共和國。代議制政府

對政治機構歷史淵源的探究是徒勞的，因爲要找到文明社會開始出現的時間是不可能的。野蠻人不可能寫下一份文件，記錄下他們自己如何遵守法律的。考慮到野蠻人的天性，人們倒可以猜想，他們是從一種暴力狀態中開始的。如果抱著尋找一種藉口的意圖去探究這個問題，即想用暴力去改變現存的政體，這樣的一種探索不亞於犯刑事罪。因爲這樣一種改變方式，等於是一次革命，這只能由一場人民的造反來達到，而通過合乎憲法的立法方式是達不到的。但是，對一個已經存在的憲法（政體）造反，就是推翻所有文明的和法律的關係，並且一般是推翻一切權利（法律）。因此，這不僅僅是對公民憲法的更改，而且還要廢除它。這就是說，要通過重建的（或再生的）辦法過渡到一種較好的政體，而不是僅僅通過逐步改變性質的辦法。這就需要一個新的社會契約，原先已被廢除的契約對這個新契約不具影響。

可是，統治者必須有改革現存憲法的可能，如果它確實與原始契約的思想不一致。這樣做，主要是爲了使現存的這個可以恰當地把人民組織在一個國家的政府形式存在下去。這種變化不能由這個國

家任意地更改它的政體，把三種政府形式之一種改變成其他兩種之一。舉例來說，政治上的改變，不能由主政的貴族們聯合起來順從於一個一人治國的統治者，或者貴族都融化到民主政體之中，或者是採取相反的做法。好像這種改變決定於統治者隨意的選擇以及喜愛什麼樣的政體，他便可以把無論什麼樣的憲法加諸人民。即便統治者決心把現存的政體換成民主政體，他也可能為人民做了件錯事，因為，人們也許會認為這種政體是可憎的制度，而覺得其他兩種制度之一在當時的情況下對他們更為合適些。

國家的種種形式僅僅是在公民聯合體中，由原始憲法的文字表達，這些形式可以一直保持下去，只要這些形式根據老的和悠久的習慣（這只是主觀的）被認為對政治憲法的結構有必要。但是，這個原始契約的精神包含了一種責任，並把這種責任強加於那個建立機構的權力，要它使得政府的形式能夠和它的精神相符合。如果不能立刻做到的話，那麼就逐步地、不斷地改變它，直到這個政府在它的工作中與唯一正確的政體和諧一致，這個政體就是純粹的共和國。於是，那些古老經驗的和法律規定的形式（它們只對人民的政治服從產生影響），也將被吸收進原始的和理性的形式之中，只有這些形式才把自由作為它們的原則，甚至把自由作為一切強制和強迫的條件。強制，根據國家的正確概念，事實上對實現一個有法治的政體是必須的，即使根據憲法的文字規定，強制最終將導致這種觀念的現實，這就是永恆的政治政體，因為在此政體中法律本身就是統治者，統治權再也用不著依附於某個特殊的人。這就是一切公共權利的最後目標，在此國家中，每個公民能夠絕對地擁有分配給他的東西。可是，只要國家的形式根據憲法的文字規定，必須由授予最高權力的法人來體現，那麼，人民只能享有附帶條件的固有權利，而不是一個絕對的文明社會的法治國家。

每一個眞正的共和國是只能由人民代表的系統構成。這種代表系統是以人民的名義建立起來的，並由已經聯合起來的所有的公民組成，爲的是透過他們的代理人去維護他們的種種權利。但是，一旦國家領袖——可能是一個國王，或者是一些貴族，或者是在一個民主聯合體中人民的整體——也變成了可以代表的，那麼，聯合起來的人民就不僅僅代表主權，而且他們本身就是統治者。最高權力本來就存在於人民之中，因此，每個公民（僅僅作爲臣民）的一切權利，特別是作爲國家官吏的一切權利，都必須從這個最高權力中派生出來。當人民的主權得以實現之時，也就是共和國成立之日。到那時，就再無必要把對政府的控制權交給那些至今還掌握它的人們，特別考慮到他們也許會再通過他們的專橫和絕對意志去破壞一切新的制度。

因此，聯想到我們這個時代中，有一種強有力的統治者犯了一個很大的錯誤，他試圖把自己從龐大的公共債務的困境中擺脫出來，便把這個沉重的負擔轉嫁給人民，由人民去承擔，並按他們認爲最合適的辦法在人民中間分擔這個負擔。這樣一來，很自然地，這不僅涉及向臣民徵稅的立法權力，就連政府都會掌握在人民的手中。這時，對人民有一個要求，他們務必有能力防止由於鋪張浪費或因戰爭增借新的債務。於是，君主的最高權力便完全消失，這個最高權力不是單純被中止了，事實上，它已轉移到人民的手中，這樣，每一個臣民的財產都變成要服從人民的立法意志。這不能說，在此情況下，必須假定國家議會做出了一項默許的，甚至帶有強制性的許諾：議會不能把自己變成一個主權者，只是在一段時間內執行統治者的事務，當這項工作完成之後，便再把政府的管理權交回到君主的手中。這樣一種假設的契約是不存在的和無效的。在這個共同體中的最高立法權並非是一種可以轉讓的權利，而是所有權利中最帶有對人因素的權利，不管誰掌握它，只能通過人民的聯合起來的意志去處理關於人民的事情。因爲，聯合意志是一切公共契約的最後基礎。如果一項契約規定人民要再次交還他們的權力，那麼，人民的地位就不是立法者，甚至可以說，這是約束人民的契約。這項契約，根據「沒有一個人能侍候兩個主人」的原則來衡量，它是自相矛盾的。

二、民族權利和國際法

53. 民族權利的性質和分類

組成一國人民的許多個人，可以被看作是從一個共同祖先那兒自然地流傳並發展起來的該國的本土居民，雖然這種看法不見得在細節上都完全眞實。此外，也可以從心理狀態和法律的關係上去考慮，他們好像都是由一位共同的政治母親，共和國，所生。因此，他們所組成的國家也可以說是一個公共的大家庭或者民族，它的全部成員，作爲該國的公民，彼此發生關係。作爲一個國家的成員們，不能把他們自己和那些生活在他們鄰近的處於自然狀態的人們混合在一起，要認爲這樣做是可恥的。雖然這些野蠻人由於選擇了無法律的自由生活，他們便自以爲比文明化的人民優越；他們雖然組成部落，甚至組成種族，但決不是國家。各個國家在彼此關係中的權利，[26]就是在「民族權利」的標題下，我們必須加以考慮的內容，不論是什麼地方的國家，如果看作是一個法人，他對於其他國家的關係，如果按照自然的自由條件來行動，那麼結果就是一種持續的戰爭狀態，因爲這種自然的自由權利會導致戰爭。

民族的權利與戰爭狀態的關係可以分成：(1)開始作戰的權利；(2)在戰爭期間的權利；(3)戰爭之後的權利。這個權利的目標是彼此強迫各民族從戰爭狀態過渡到去制定一部公共的憲法，以便建立永久和平。在自然狀態中，個人的或家庭的彼此關係的權利，以及各民族彼此間的權利，其區別在於：對於民族權利，我們必須考慮的，不僅僅是一個國家對另一個國家（作爲一個整體）的關係，而且還要考慮一個國家中的個人與另一個國家中的個人之間的關係，以及此個人與另一個國家（作爲一個整體）的關係。可是，在單純的自然狀態中，民族權利與個人權利的區別，需要一些可以很容易從個人權利的概念中推演出來的原理作爲依據。

54. 民族權利的原理

民族權利諸原理如下：

(1) 國家，作爲民族來看，它們彼此間的外部關係——和沒有法律的野蠻人一樣——很自然地處於一種無法律狀態。

(2) 這種自然狀態是一種戰爭狀態，強者的權利占優勢。雖然事實上不會老是發生眞正的戰爭和持續不斷的敵對行動，雖然也不會對任何人做出眞正不當的事，可是這種狀態本身就是極端不當，如果構成國家的民族彼此相鄰，就必然會相互擺脫這種戰爭狀態。

(3) 民族的聯盟，[27]依照一項原始社會契約的觀念，它是爲了保護每個民族免受外力侵犯和進攻所必須的結合，但這並不干涉它們內部的一些困難和爭論。

(4) 在這個聯盟中的彼此關係，必須廢除一個有形的統治權力，而在文明的憲法中，必須規定這種權力。這種聯盟只能採取聯邦的形式，它隨時可以解散，因而又必須時時更新。

因此，它有一個權利，是作爲另一種原始權利的附加權利而出現的，爲的是防止各民族失掉權利，並彼此間陷入眞正的戰爭狀態中。這就導致一種「近鄰同盟協定」的觀念。

55. 要求本國臣民去進行戰爭的權利

我們必須首先考慮，自由國家，好像仍然處於自然狀態中，各擁有彼此進行戰爭的原始權利。但是，行使這種權利是爲了創造某種社會的條件，以便走向那種有法律的社會狀態。最重要的問題是：國家根據什麼權利，在涉及其臣民關係上可以讓他們去作戰來反對別的國家。國家爲此目的動用他們的財產，甚至他們的生命，或者起碼把他們置於有害和危險的境地。所有這些措施，都不是取決於他們自己個人的判斷，不決定於他們是否願意走向戰場，而是因統治者的最高命令才把他們送上戰場的。

這種權利看來很容易就可以確定。它可以建立在這樣一種權利上：每個人有權依照他的意志去處理他自己的東西。不論是誰對那些確實是爲他自己而製造的東西，他都有權堅持它們是他的無可爭辯的財產。那麼，下面的推論僅僅是法學家所能提出的。

在一個國家中有多種自然的產品，從它們存在的數量和品質來看均如此。這些產品必須被認爲是通過國家的工作特別地生產的。因爲，如果不是在該國憲法的保護下，並且經常受行使管理職能的政府的安排，這個國家就不可能生產出這樣多的產品來。如果那些居民仍然生活在自然狀態中，也不可能生產出這麼多的東西來。如果政府對居民的收入和財產不可能保護的話，那麼羊群，其他牲口和雞——最有用的家禽——豬等等，要麼被我們作爲必需的食物吃光；要麼被我們居住區域的猛獸抓走，結果它們就會全部消失，或者只剩下可憐的一點點。這種觀點也可以用在人口數目上。如果我們有機會看到美國的荒漠，即使在那些地方投下最大的辛勞（但尚未這樣做），現在那裡也只有稀少的人口。任何國家的居民，如果沒有政府的保護，只能稀稀疏疏地分散在這兒和那兒耕種。因爲沒有政府的保護，他們不可能帶著他們的家人居住在一塊土地上而不受敵人蹂躪和野獸糟蹋的威脅；還有，現在那麼多的人住在一個國家裡，如果沒有國家保護就無法獲得充分的生活資源。我們以種菜爲例，例如種土豆，就和飼養家畜一樣，豐收的土豆都是人類勞動的產物，它們可以被人使用、銷毀或爲人所吃，那麼，似乎也可以這樣說，作爲國家最高權力的統治者，他有權帶領他的臣民——因爲他們多半是他自己的培育物——去作戰，好像是去打獵；他甚至可以率領他們在戰場上進軍，猶如參加一次愉快的旅遊。

可以想像得到，這種權利的原則，在那個君主的心中是朦朧不清的。但這項原則對那些可以變成人類財產的低級動物說來，至少可以肯定是眞實的。可是，上述原則根本不能引用到人的身上，尤其不能用在作爲公民的人的身上，必須把公民看作是該國的成員，有參與立法的權利，不能僅僅作爲是別人的工具，他們自身的存在就是目的，要他們去作戰就必須通過他們的代表，得到他們自願的同意，不但在繼續進行戰爭時普遍要這樣做，而且每次單獨的宣戰也要這樣辦。只有按照這種有限制的條件，國家才有權命令他們承擔一項如此充滿危險的任務。

因此，我們寧願從統治者對人民的義務中引申出這項權利，而不是相反。在這種關係中，必須認爲人民已經做出了他們的認可。另外，人民有投票權，雖然從單獨的個人的角度來看，他們是被動的，可是，只要他們代表主權本身的時候，他們卻是主動的。

56. 向敵對國家宣戰的權利

從自然狀態來看，各民族進行戰爭以及採用敵對行動的權利是合法的方式，透過這種辦法，他們用自己的力量去行使他們自己的權利，當他們認爲自己受到損害時。所以需要這樣做，是因爲在自然狀態中，尚不可能採用法律程序的方式，雖然這是解決爭端的唯一妥當的方式。

戰爭的威脅不同於首次侵犯行爲的重大傷害，而且也不同於敵對行動的一般爆發。戰爭威脅或恐嚇，可以出於積極的軍事準備，另一方的防衛行動就是建立在這種情況之上了。這種威脅也可以來自另一個國家，即僅僅由於它通過獲得領土而可怕地增加了它的力量。力量較小的國家所受的損害，可能僅僅是由於出現一個強大的鄰國，而不是該大國事先有任何行動。在自然狀態中出現了這種情況下的發動進攻會被說是合理的。這樣的國際關係就是均衡權利的基礎，或者是在那些彼此積極接觸的所有國家之間，提出「力量均等」的基礎。

開始戰爭的權利是由於任何明顯的損害行爲而構成。它包括任何隨意的反擊或報復行爲，當一個民族冒犯了另一個民族，後者不打算通過和平的途徑去獲得賠償而採取的報復行爲。這樣一種反擊行動，可以看成是不經事先宣戰而爆發的敵對行動。如果在戰爭狀態的時期存在什麼權利的話，那必須假定有某種類似契約的東西，它包含宣戰的一方和另一方都承認的內容，這也等於事實上敵對雙方都願意用這種辦法去尋求他們的權利。

57. 戰爭期間的權利

要決定什麼是構成戰爭期間的權利，是民族權利和國際法中最困難的問題。即使想去描繪這種權利的概念，或者在沒有法律的狀態中去設想出一項法律而又不至於自相矛盾，這都是非常困難的。西塞羅說過：「在武器之中，法律是沉默的。」根據某些原則去進行戰爭的權利必定是合理的，只要這些原則始終能夠使得各個國家在它們彼此的外部關係中，擺脫自然狀態進入一個權利的社會。

獨立國家之間彼此攻打的戰爭，不可能公正地是懲罰的戰爭。因爲懲罰僅僅是指一個職位高的人對一個臣民才能發生的關係，這不是國家之間的相互關係。一切國際戰爭，既不可能是「摧毀性的戰爭」，甚至也不可能是「征服的戰爭」。因爲這會導致一個國家精神上的滅亡，它的人民或者完全被那征服的國家所融化而成爲一個大群體，或者淪爲奴隸。這種做法並非獲得和平狀態的必須手段，它本身和國家的權利相衝突。因爲民族權利的觀念，僅僅包括一種對抗性的概念，也就是根據外在自由的原則，爲了使一個國家可以保持應該屬於它的東西，但是，這不是爲了獲得一種條件，從擴張它的力量中可能變成對其他國家的威脅。

各種抵抗方式和防衛手段，對於一個被迫作戰的國家來說都是允許的，除非他們使用的那些手段，會使得執行這些任務的臣民變得不配成爲公民。因爲這樣一來，這個國家便不配被承認爲國際社會的一員，即不可能根據民族權利在國際關係中，按照平等權利去參加活動。在那些被禁止使用的手段中，包括指派臣民去當間諜，或者僱用臣民甚至外邦人去當暗殺或放毒者（這類人中可以包括所有所謂狙擊手，潛伏在埋伏點去搶殺單身人），或者收買特工去散布僞造的新聞等等。一句話，禁止使用這些邪惡的和不講信義的手段，因爲這些手段會摧毀那種用來建立今後持久和平的信念。

在戰爭中，可以允許向被征服的敵人強行徵稅和納貢。但是，用強行剝奪個人財產的辦法去掠奪人民是不合法的，因爲這等於搶劫，不把他們當作被征服的人民，而把他們看作是交戰的國家，好像他們在政府的統治下，都變成了進行戰爭的手段。一切強行徵稅應該通過固定的徵稅文告來進行，並且要給他們收據，以便恢復和平之後，加給這個國家或省的負擔可以按比例來承擔。

58. 戰後的權利

戰爭之後的權利開始於和平條約生效之時，並且涉及戰爭的後果。這種權利包括：戰勝者提出條件並同意根據這些條件和戰敗當局達成和平的結局。條約要寫出來，但的確不是根據任何需要他去保護的、據說是被他的對手侵犯了的權利。這個條約是戰勝者自己提出來的，他把決定條約的權利建立在自己的權力之上。因此，戰勝者可能不要求賠償戰爭費用，因爲這樣一來，他在這個時候會不得不宣布，他的對手所進行的戰爭是非正義的。他雖然應該採納這種論據，但他沒有資格去引用它，因爲這樣一來，他就不得不宣布這次戰爭是懲罰性的，於是，他回過頭來給對方一種損害。戰後權利還包括交換俘虜，在交換時不能索取贖金，也不必在人數上要求平等。

被征服的國家和其臣民，都不因國家被征服而喪失他們政治的自由。這樣，被征服的國家不會降爲殖民地，被征服國的臣民不至於成爲奴隸。否則，這場戰爭便成爲執行懲罰性的戰爭，這是自相矛盾的。一個殖民地或（海外）省是由當地人民構成，他們有自己的憲法、立法機關和領土。在該地的屬於其他國家的人僅僅是外邦人。殖民地和（海外）省卻要服從另一個國家的最高執行權力。這另一個國家叫做「母國」。殖民地就像兒女一樣接受統治，但同時有自己的政府機構，還有單獨的國會，而以母國派來的總督爲主席。這就是古雅典和許多島嶼的關係，也是當前（一七九六年）大不列顛（Great Britain）和愛爾蘭（Ireland）的關係。

更不能因爲一個國家的人民在戰爭中被征服，便可以推斷奴隸制度是合理的，因爲這樣一來，便假定這次戰爭是懲罰性的。在戰爭中絕對不能找到世襲奴隸制度的根據，這種制度本來就是荒謬的，因爲犯罪不能從他人的罪行中遺傳下來。

此外，一次大赦要包括在和平條約之內，因爲這件事已經包含在和平觀念之中。

59. 和平的權利

和平的權利是：

(1) 當鄰國發生戰爭時，有保持和平或保持**中立**的權利；

(2) 有設法使和平可靠的權利，這樣，當締結和平條約後，和平能維持下去，這就是**保證**（和平）的權利；

(3) 幾個國家有結成**聯盟**的權利，這是爲了共同**保衛**他們自己來反對一切外來的甚至內部的襲擊。這種結盟的權利，無論如何，不能擴大到組成任何集團來進行對外侵略或內部擴張。

60. 反對一個不公正的敵人的權利

一個國家反對一個**不公正**的敵人的權利是沒有限制的，至少在質的方面是如此，不是從量和程度上而論。換言之，受害的國家可以使用（當然不是可以使用**任何**手段，但是實際上並非如此）一切被允許的和有理由的手段，只要這個國家力所能及，都會用這些手段來堅持那些屬於它的權利。

人們一般認爲，在自然狀態下，每個國家根據自己的理由，都認爲自己是公正的，那麼，根據民族的權利，怎樣才是一個**不公正**的敵人呢？不公正的敵人是這樣的一個國家：它公開表示自己的意志，不論它是用語言或行動，但它違背行爲準則，如果把這個國家的做法變成一條普遍的法則，那麼各民族之間便不可能維持和平狀態，並使自然狀態必然永遠繼續下去。這是對公共條約的侵犯，可以把這樣的任何侵犯看作是對所有民族自由的威脅，這樣一來，各民族就可以聯合起來反對這種侵犯，清除可以導致這種侵犯的力量。但是，這不包括**瓜分和占據**這個國家的權利，以致把這個國家從地球上消滅掉。因爲這是對該國人民的不公正的做法，他們不能失去締結成一個共同體的原始權利，並據此而採用一部新憲法，從性質上看不會是傾向於戰爭的憲法。

此外，人們會說，「在自然狀態中，一個不公正的敵人」的提法是囉唆重複的，因爲自然狀態本身就是不公正的狀態。一個公正的敵人可能是這樣的一個人，如果我們反對他，就是對他不公正，可是，這樣的一個人卻不會眞是我們的敵人。

61. 永久和平與一個永久性的民族聯合大會

各民族間的自然狀態，正如各個人之間的自然狀態一樣，是一種人們有義務去擺脫的狀態，以便進入法律的狀態。[28]因此，在沒有發生這種轉變之前，各民族的一切權利以及各國通過戰爭獲得與保持的一切物質財產都僅僅是暫時的；這些權利和財產也能夠變成永久的，但只有當這些國家聯合成一個普遍的聯合體的時候，這種聯合與一個民族變成一個國家相似。只有在這種情況下，才可以建立一種眞正的和平狀態。可是，這樣的國家聯合體是如此的龐大，包括遼闊地域內所有的政府，國家聯合體對它的每一個成員的保護，最後必然變成是不可能的。於是這個龐大的合作關係就會再次導致戰爭狀態。這樣，永久和平，這個各民族全部權利的最終目的便成爲一個不可能實現的理想。無論如何，爲了追求這個目的以及促進各國組成這樣的聯合體（作爲可以促進一個不斷接近永久和平的聯合體）的那些政治原則，就不是不實際可行的了。這些原則正如這個不斷接近的進程本身一樣，是實際可行的。這是涉及義務的一個實踐問題，並且是建立在個人和國家的權利之上的。

這樣一個爲了維護和平的若干國家的聯合體，可以稱之爲各民族的永久性的聯合大會；每一個鄰近的民族都可以自由參加。從各民族要求維護和平的民族權利來看，這樣的一個聯合體的組織形式，至少在本世紀前半葉已經出現了，它就是海牙（Hague）的國際大會。在這個大會上，絕大多數的歐洲王朝，甚至連最小的共和國，都提出了他們關於這個國家對另一個國家進行敵對行動的埋怨。於是，整個歐洲好像成爲一個單獨的聯邦式的國家，並爲一些民族接受爲仲裁人去處理他們之間的分歧。但是，後來代替這個協議的只是書本中保存的民族權利，這個協議便從各國的內閣中消失了，或者說，當武力已經被使用以後，它便被當作理論文獻鎖在了陰暗的檔案櫃裡。

我們在這裡說的聯合大會，僅僅指各種不同國家的一種自願結合，它可以隨時解散，它不像建立在一項政治憲法之上的美利堅合眾國，因而是不能解散的。只有通過這樣一類大會，各民族公共權利的觀念才能實現，它們之間的分歧才能通過文明程序的方式，而不是通過戰爭這個野蠻手段得到眞正的解決。

三、人類的普遍權利（世界法）

62. 世界公民權利的性質和條件

一個普遍的、和平的聯合體（如果還不是友好的，它也是地球上可以彼此發生積極關係的一切民族的聯合體）的理性觀念，是一種法律的原則，它不同於博愛的或倫理的原則。自然（憑藉各民族居住的地方是個球體）已經把所有各民族都包圍在一個固定的範圍之內，即由水面和陸地組成的地球。在地球陸地上的一個居民只要占有土地便可以生活，這種占有只能被看作占有整體的有限部分，因此，作爲地球的一部分，每人對它都擁有原始的權利。所以，一切民族最初都處於一種「土地的共同體」之中，但不是一種法律的占有共同體，因而也不是使用土地的或土地所有權的共同體，它僅僅是通過這個共同體使人們的彼此有形的交往成爲可能。換言之，每一個人對其他所有的人都處於一種最廣泛的關係，他們可以要求和別人交往，並且有權提出要在這方面作一次嘗試，而一個國外的民族無權因此而把他們當作敵人來看待。這種權利可以稱作「世界公民的權利」，這是就這種權利和所有民族有可能組成一個與聯合體有關，並涉及某些普遍地調整他們彼此交往的法律而言。

從表面上看，各個海洋把各民族隔離開，根本不能彼此交往。但是，事實並非如此，因爲透過貿易，海洋爲他們的交往造成最有利的條件。愈是靠近海洋的地方，以地中海爲例，這種交往變得更爲密切。於是，和這些沿海地方的來往（特別在那些和母國有聯繫的居留地，爲這些交往提供了機會），讓地球上某個地方發生的邪惡和暴力全世界都能聽到。這種可能的濫用弊端，無論如何，不能廢除一個人作爲一個世界公民的權利，他有權要求和所有其他人的交往，並爲此目的去訪問地球上的一切地區，但是，訪問並不構成在其他人民的領土上可以定居的權利，因爲去定居需要特殊的契約。

但問題是，如果遇到新發現的土地，一個民族是否可以在另一個民族已經定居的地區附近要求定居，並占有一部分土地的權利，而且不用取得另一個民族的同意。

如果這個新居留地的位置是在遠離那個先已在那兒定居的民族，並且既不限制也不損害另一個民族使用他們的領地，那麼，這樣的一種權利是不容置疑的。可是，如果遇到遊牧民族，或飼養牲畜和狩獵的部落（例如西南非洲的霍屯督人、通古斯人（Tungusi）以及大部分美洲印第安人），他們的生活來源來自廣闊的荒漠地帶，對這種地區絕不應該使用武力，只能藉由契約去占領。而且，任何這樣的契約絕不應該利用當地土著居民的未開化而掠奪他們的土地。可是，有一種流行的議論，認爲用武力去占領可能是公正的，因爲這會促進整個世界的普遍的好處。看來，他們好像找到了充分的證明，說他們的暴力行動是合理的，他們的一部分理由，是指那些野蠻民族因此開化了（由於這類藉口，連畢聲〔Anton Friedrich Busching〕[29]也試圖諒解基督教對德意志的血腥入侵）；另一部分理由，是基於把罪犯從本國清除出去的必要性，希望罪犯們或他們的後代在另一個大陸（例如在紐西蘭）得到改造。可是，所有這些堅稱是出於良好動機的言論，也洗不乾淨那些使用不公正手段去獲得殖民地的汙點。下面的說法也會遭到反對：如果這種關於用武力來建立一種法律狀態的周密論調始終被認可，那麼，整個世界就仍然處於一種沒有法律的狀態。然而，這種反對的論調，取消不了我們所講的權利的那種條件，正如那種政治革命者的藉口也同樣辦不到一樣。這種藉口是：當一部憲法已經變質退化的時候，人民就有權用武力去改變它。這種理論，通常是認爲一次不合正義的行動，可以一勞永逸地使得正義建立在更加牢固的基礎之上，並且讓它興盛起來。

結論

如果一個人不能證明一事物是什麼，他可以試著去證明它不是什麼。如果這兩方面都不成功（常有的事），他還可以問他自己是否有興趣從理論的或實踐的觀點假定接受這個或那個可以取代的看法。換言之，一種假設之可以被接受，要麼是爲了說明某種現象（例如天文學家解釋星體的衰變和「留點」（或靜止）現象）；要麼是爲了達到某個目的，這又可以分爲：要麼是實用性的，例如那些僅僅屬於工藝方面的東西；要麼是道德的，例如那些涉及一種意圖，人們有義務把它當作行動準則去採用的意圖。現在很清楚，這樣一個有目的的、可行的假定，雖然僅僅是作爲一種理論的和帶著探究性的判斷提出來，仍然可以爲他構成一種義務。我們在這裡就是這樣看待的。因爲，雖然可能不存在去相信這樣一個目的的積極的責任，甚至按照這種假定去行動，也不存在任何理論上的可能性，但是，只要這種假設尚未被範例證明其不可能之前，它就依然是一種義務，義不容辭地加在我們身上。

如今，事實上，道德上的實踐性從我們內心發出它不可改變的禁令：不能再有戰爭。所以，不但你我之間在自然狀態下不應該再有戰爭，而且，我們作爲不同國家的成員之間，也不應該再有戰爭（雖然一國之內存在法律的狀態。可是各國在對外關係上，在它們的彼此關係中，仍是處於一種無法律的狀態），因爲，任何人都不應該採用戰爭的辦法謀求他的權利。因此，問題不再是：永遠和平是眞實的東西或者不是眞實的東西；也不是當我們採納前一種看法時，我們會不會欺騙自己的問題。問題是，我們必須根據它是眞實的這樣一種假定來行動。我們必須爲那個可能實現不了的目的而工作，並建立這種看來是最適宜於實現永久和平的憲法（也許是所有國家共同地並且分別地實行共和主義）。這樣，我們也許可以徹底消除戰爭的罪惡，這是一切國家毫無例外地在內部事務的安排中，具有頭等重要利益的事情。雖然這個目標的實現可能始終是一種虔誠的意願，但是，我們確實沒有欺騙我們自己，我們採取這種行動的準則，將會引導我們在工作中不斷地接近永久和平。因爲按這樣去做是一種義務。那種把存在於我們內心中的道德法則當作一種欺人之談的猜想，就足夠激起可怕的念頭：寧願被剝奪一切理性，不願生活在欺人之談中。根據那樣的原則，甚至寧願看到自己降低到像低等動物那樣，按本能去機械行動的水準。

也可以這樣說，從理性範圍之內來看，建立普遍的和持久的和平，是構成權利科學的整個的（不僅僅是一部分）最終的意圖和目的。因為和平狀態是唯一的具有下面條件的狀態：在許多人彼此相鄰地住在一起時，在人們之間的關係中，「我的和你的」均依據法律得到維持和保證。此外，他們結合成一個文明的社會組織，這個社會的規則不是來自單純的經驗，即某些人發現他們的經驗對其他人是最好的一種標準的生活指南。可是，一般來說，這個社會的治理規則必然是通過先驗的理性，從人們要依據公法去組成法律聯合體的理念中獲得的。一切特殊事例只能提供說明的例子而非證明，都不可靠；此外，所有的客觀事件，都要求有一種形而上學，用它必然的原則去加以論證。這種看法甚至會被那些嘲笑形而上學的人間接地承認，他們常說：「最好的政體，就是在這個政體內，不是人而是法律去行使權力。」有什麼東西能比他們這種觀念具有更多的形而上學的崇高性呢？這種觀念即使按照他們的說法，也具有高度的客觀現實性。這種現實性可以容易地通過眞實的例子來說明。還有，事實上只有這個觀念，才能夠得到貫徹，這個觀念不是在一次革命中和通過暴力用突然的方式，去推翻現存的有缺陷的政體而被強化的，因為這樣一來，整個社會的法律狀態便會在一段時間內暫時消失。但是，如果這個觀念通過逐步改革，並根據確定的原則加以貫徹，那麼，通過一個不斷接近的進程，可以引向最高的政治上的善境，並通向永久和平。

◆註釋◆

【1】德文版中，此標題為：第一章 國家的權利（國家法）。——譯者

【2】這裡說的「權利」，如理解為「法律」更為恰當。——譯者

【3】德文版無此標題。——譯者

【4】康德在這裡說的有矛盾，他既然認為在自然狀態中沒有法律，而在這裡卻又說有法律。德文原文為「Gesetze」，除有「法律」的含義外，又可譯為「法則」或「規律」等。所以英譯本的「Laws」也應理解為「法則」。——譯者

【5】在德文版中和英譯本中，應在哪些詞下加重點符號是完全不一致的。德文版內加重點符號的詞較多。這裡的「自由」、「平等」和「獨立」之詞均有，而在英文譯本中則無。——譯者

【6】德文版中，將以後的部分另排為一段。——譯者

【7】原文為「Konstitution」，通常應指憲法。不過，康德在本書中用此詞時，多數是指此詞的「政體」方面的含義。另外，他不像當時及後來的思想家那樣重視對憲法的研究。此書中就沒有對憲法的專門論述。——譯者

【8】德文版無此標題。——譯者

【9】原文為「Civil law」，也可譯為「民法」，但不大合康德的原意。德文為「bürger liche Gesetze」，含義為「公民的法律」，無「民法」之意。——譯者

【10】康德在此有一個長註，英文版則將此改為下面三段正文。——譯者

【11】按德文版，此處是「國際法」的含義。——譯者

【12】德文版無此標題。——譯者

【13】德文無此標題。——譯者

【14】、【15】指神父、主教等神職人員。——譯者

【16】德文版無此標題。——譯者

【17】在當時，德國的教授也是公職人員，屬文官範圍，有世襲的。——譯者

【18】德文版無此標題。——譯者

【19】指把人當作法律客體或物權的本體。有一英譯本把這一詞譯為「物權的對象」，這更恰當些。——譯者

【20】朱維納爾在《生物看重榮譽》一書中說過：「寧要生命不要名譽」。——德文版原註

【21】德文版無此標題。——譯者

【22】德文無後面「移居……；放逐」的標題。——譯者

【23】指古羅馬的海外省，其實是藩屬國或被征服國。——譯者

【24】德文出版者註「較低的家族」指「一個臣僕的占有物」。「母國」一詞即現在說的宗主國。——譯者

【25】德文版在此之後尚有「這就叫做驅逐出境」這句話。——譯者

【26】在德文版中，這裡還有一句話：「用德語中各民族的權利或國際法來稱呼它，並不完全正確，應該用國家權利或國家法才正確。」——譯者

【27】德文版中特別註明，這不是聯盟而是結合。——譯者

【28】康德所說的法律狀態，當然是指法治社會。——譯者

【29】畢聲：全名為安東·弗里德利希·畢聲（一七二四—一七九三），德國地理學家。——譯者

附錄

關於法（學）[1]的形而上學原理的若干說明[2]

我所以要做此補充說明，最主要的原因是由於一七九七年二月十八日《哥廷根雜誌》（*Göttingen*）第二十八卷對拙作進行了評論。評論廣見卓識、審鑑嚴厲，同時也關懷並希冀《法的形而上學原理》能對科學有深遠的裨益。我想以此評論作爲評論拙作的入門，此外，也想把此說明作爲這個體系的若干補充。

在本書序言的一開始，我的非常敏銳的評論家就遇到了一個定義——什麼是渴望的能力？文章說，它是一種能力，通過它的想像構成這些想像對象的依據——這種解釋可以用如下的理由來反駁：「一旦人們把渴望結果的外在條件抽象化，它將成爲子虛烏有——但是，對唯心主義者（Idealist）來說，渴望的能力確實是某種實在的東西，雖然對唯心主義者來說，外部世界純係子虛烏有。」回答是：難道有一種熱烈的、然而同時又有意識使之成爲徒然的渴望嗎？（比如說：上帝啊，讓那個人還活著吧！）這種渴望雖然在行動上是空洞無物的，然而在後果上並非空洞無物，雖然不能對外在物，但卻能對主體（人）的內在本身產生強烈的效果（如使之生病）。一種渴望作爲一種追求，通過想像構成依據，儘管主體看到，後者不足以達到預期的效果，但是這種渴望總是因果關係，至少在這個主體的內在方面是如此。——這裡產生的誤解是：（在上述情況下）由於意識到他的一般的能力，同時也是意識到他對外界的無能爲力，因此這個定義不能運用在唯心主義者身上。因此，面對著對象物，在渴望能力的概念中，必然要想到想像的因果關係，因爲這裡談的僅僅是（想像的）依據對一般效果（感覺）的關係（依據可能是外在的，也可能是內在的）。

一、對再次大膽提出權利概念的邏輯準備

如果熟諳權利科學的哲學家把自己上升到法的形而上學原理的高度，或者他們竟敢於這樣堅持（沒有這些原理，他們的整個法理學都將僅僅是一堆法律條文而已），那麼，他們不能對保證權利概念分類的完整性漠然置之，否則，這個科學將不是理性的體系，而僅僅是拾撿而來的材料的堆砌。——就體系的形式而言，原理的細目必須完整，也就是說，必須指出一個概念所占的位置，按照分類的綜合形式，這個位置對於這個概念來說應該是開放性的。人們以後也可以這樣表述，即把這樣或那樣的概念放在這個位置上，本身是矛盾的，是站不住腳的。

迄今爲止，法學家占了兩個共同的位置：物權的位置和對人權的位置。人們當然會問：既然還有兩個作爲先驗分類的環節的位置是開放性的，單純在形式上把兩者結合成爲一個概念，即建立在人的方式上的物權，正如建立在物的方式上的對人權一樣，那麼是否允許增加一個新概念？這樣做雖然有問題，但是，是否必然會在一個完整的分類圖表中碰到這樣的概念，後一點是毋庸置疑的。因爲邏輯的分類（它從認識的內容——客體——抽象出來）總是二分法，例如，每一種權利，或者是一種物權，或者是一種非物權。然而，這裡談的分類是形而上學的分類，也可能是四分法，因爲除了分類的兩個簡單的環節（專案）外，還有兩種關係，即限制著權利的條件關係，在這種條件，下一種權利結合著另一種權利出現，而出現這種關係的可能性特別需要加以研究。一種建立在人的方式上的物權概念是無論如何要排除的，因爲不能設想有一種物會有對人的權利。現在的問題是：這種關係是否反過來也同樣是不可想像的，或者這個概念，即一種建立在物的方式上的對人權概念，不僅沒有內在矛盾，而且本身也是一個必然的概念，（由理性中的先驗得出來的）屬於「我的和你的」概念中的概念，把人按照類似於物的方式加以對待，雖然不是指全身

的各個部分，但是卻占有他，而且在很多情況下把他當作物來處置。

二、建立在物的方式上的對人權概念的理由

建立在物的方式上的對人權的定義可以簡要地概括爲：「這是一種人的權利，即把一個人除了人身之外作爲物[3]來占有。」我特意說「一個人」（die Person），因爲另一種意義上的人（der Mensch），[4]如果他犯罪喪失了人格（成爲農奴、賣身奴），是可以把他作爲物來占有的，但是這裡談的並不是這種物權。

那麼，前一個概念「作爲法律天穹上的一種新現象」是一顆奇異的星星（一顆長到最大的星星，一種前所未見的，而後又逐漸消失的，也許會再次反復的現象），或者僅僅是一顆流星？這個問題現在應該研究。[5]

三、例證

擁有外在物作爲自己的東西就是法律上的占有，然而占有是可能使用的條件。倘若這一條件僅僅是作爲物質的條件而設想的，那麼占有就是持有。——僅僅是權利上的持有，雖然不足以把持有對象說成是「我的」，或者使它成爲「我的」。不過，不管出自何種原因，如果我有資格，迫切希望持有一個擺脫或掙脫了我的強力的對象，那麼，這個權利概念不外是一種跡象而已（如果由原因產生的效果），表明我自認爲有資格把它當作「我的」，我對它的關係也是理性的占有，而且也從這樣的角度來使用這個對象物。

「他的」（東西）在這裡雖然意味著對另一個人人格的所有權（因爲所有者不可能是一個人〔der Mensch〕對自己的占有，更不可能對另一種意義上的人〔die Person〕的占有），這僅僅指有享用權益是「他的」，即直接使用這個人，把他當作物一樣來使用，使他作爲手段爲我的目的所用，然而不能損害他的人格。

但是，作爲使用的合法性的條件，這個目的必須在道義上是必要的。丈夫（男人）既不能把妻子（女人）作爲物那樣享用而去追求妻子，不能在動物共同屬性方面直接感受與妻子尋歡的樂趣，也不能僅讓妻子獻身於他而沒有雙方都獻出他們自身的人格（即肉欲的或獸性的交媾），也就是說，不能在沒有結婚的條件下發生關係。婚姻作爲相互獻出他個人又占有對方，必須在此之前締結：通過利用對方的身體使自己不喪失人格。

沒有這個條件，肉欲的享受對於原則來說（縱然不總是依據效果來看）是野蠻的。粗俗地說，或者女方是否由於懷孕和由此而來的，對她來說是致命的分娩而被搞得疲憊不堪，或者男方則是否由於女方經常要求使用男方的性功能而被弄得精疲力竭，這只是享受方式上的區別。一方對另一方來說，在這種相互使用性器官方面，確實是一件能夠消耗殆盡的東西。因此，透過一項契約取得這種能夠消耗殆盡的東西，可能是一項違反法則的契約。

同樣地，丈夫和妻子可能沒有生育孩子——雙方粗製濫造的作品，雙方都沒有對孩子以及相互間承擔責任要撫育孩子：這樣一種情況就等於把獲得的一個人當作一件物，僅僅在形式上看是如此（即按照純粹建立在物的方式上的對人權來衡量）。如果孩子脫離父母的強力，父母[6]有權反對任何占有孩子的人，同時有權強迫孩子去做一切事情和聽從他們的命令。當然，所要做的事情和命令與可能的法律自由不能相悖，因此，這也是一種用來約束孩子的對人權。

最後，當孩子成年、父母撫育孩子的義務終止時，父母還有權利把孩子當作服從他們命令的家庭成員加以利用，以維持其家庭，直至孩子離開父母而獨立生活。父母對孩子的義務是從父母權利的天然限制而產生的。直到此時，孩子們雖然是家庭成員，屬於這個家庭，但是從現在起，他們就屬於家庭裡的僕役。因此，他們無非是透過契約，作爲馴養物增加到家主的財富中去。——同樣地，也可以根據一項建立在物的方式上的對人權，把這個家庭之外的僕役變爲這個家主的財富，透過契約把他變爲幫工。這樣一種契約不是一種純粹僱傭的契約，而是獻身給家主占有的契約，租賃的契約。租賃和僱傭的區別在於，租賃時，幫工受託做了規定了的和專門確定的工作，凡是有關家主福利（不是幫工本人的福利）的事，都允許叫幫工去做；相反的，受僱做一定工作的雇工（手工工人或短工），並不委身爲他人的財富，也不是雇主的家庭成員。——雇工有義務完成一定的勞務，但是在法律上不爲他人占有，即使他居住在雇主家中，主人不能把他當作物來控制他，而是必須根據對人權，催促他完成通過法律手段命令他去做應做的、許諾過的勞務。——關於在自然法則學說中，一項陌生的、新增加的權利，就作這麼多的解釋和辨析，不過，這項權利以前已經一直在悄悄地應用了。

四、關於物權和對人權的混淆

此外，「出售廢除租賃」（見31節）這個命題，也被指責爲我在自然的私人權利（私法）中提出的異端邪說。

有人出租房子，在房客居住租期屆滿之前，就向房客宣布解除租約；如果他在不該搬出的時間內這樣做，看起來像是對房客食言，初看起來似乎是違背契約所規定的一切權利的。——但是如果能證明：房客在簽訂租約時就知道或必然會知道：作為財產所有者的出租人對他所作的許諾，自然地（不允許在租約中著重說明），也就是說，默默地與下述條件聯繫起來：只有在出租人在這個時間內不出售他的房子時才出租（或者在破產時不得不把房子交給他的債權人），這樣，出租人並未違背他那根據理性的、本身也受制約的諾言，而承租人並不會由於在租期屆滿之前宣布廢約而減少其權利。

因此，租約中所規定的房客的權利是一種對人權，某個人依據這項權利必須對另一個人盡些責任，它不是一種針對這個物的任何占有者的物權。

承租人本來能夠保障自己在租約中規定的權利，可以獲得一種對房子的物權：他只可以把租約刻寫在出租人的房子上——作為固定在房子上的東西。這樣做了，他就不會在協定屆滿之前因為財產所有人廢約，甚至出租人亡故（自然的破產或者文明的〔法律宣告的〕破產）而被剝奪租權。如果他事先沒有這樣做，因為他想保持自己的自由的話，可以和別處訂立條件更好的租約，或者因為財產所有者不讓他在房子上刻寫這樣的義務，那就可以得出結論：雙方中的任何一方在廢約問題上（明文規定的期限除外）都意識到，他們達成一項默認的有條件的契約，也可以根據習慣，重新解除契約。通過出售廢除租賃來證明這種資格，表現在由這樣一種光禿禿的[7]租約所引起的某些權利（法律）的結論：因為承租人的繼承者在承租人死後，並沒有義務繼續租賃，因為租賃只對某個人有約束，這個人一死，約束也就告終（但是，宣告廢約的法定時間總得張榜告示）。同樣，沒有簽訂特別的契約時，承租人的權利也不能轉移給他的繼承人，只要他在雙方都在世時沒有專門達成協議，賦予他有資格確定一個後承租人，他就不能把這種權利轉讓給繼承人。

五、關於刑法概念討論的補充

人在國家憲法的純粹觀念中，已經涉及懲罰公正性的概念，懲罰公正性隸屬於國家的最高權力。現在的問題僅僅在於，懲罰方式對於立法者來說是否無所謂，如果這些方式作爲手段是用以消除罪惡（如把占有他人財產視爲危害國家安全），或者在作案人的人格方面（即對於同類人來說），必須注意尊重人類，而且，懲罰僅僅是出於權利的原因。因爲我認爲法律上的反坐法（以牙還牙的懲罰）從形式上作爲刑法原則還一直是唯一的、由先驗決定的觀念[8]（不是出自經驗，認爲無論用何種靈丹妙藥，爲了這個意圖都是最強有力的手段）——然而要堅持對犯罪的懲罰，而懲罰又不許反駁，因爲犯罪或者本身就不可能，或者本身就一般對人類犯有該懲罰的罪，例如，強姦罪、雞奸罪或者獸奸罪。前兩種罪用閹割懲罰（用「白閹」，或者用土耳其宮廷的「黑閹」[9]）的刑罰，後一種罪犯則通過永遠驅逐出文明社會來懲罰，因爲罪犯自己不配待在人性的社會裡——犯什麼樣的罪，受到什麼樣的懲罰——上面設想的罪行因此是不合乎自然的，因爲它們是對人類本身犯下的罪行。——任意對它們進行懲罰是完完全全違背懲罰的正義性的概念的。只有這樣，如果罪犯因自己的罪行自食其惡果，如果以其人之道還治其人之身，把他對別人犯的罪過也在他的身上施行，儘管不是按字義上，而是按照刑法精神這樣做的，他才不會控告對他的不公正。

六、論憑時效而獲得的權利

「憑時效而獲得的權利應該用自然法來說明。因爲，如果不是假設通過誠實的占有來闡述這裡所說的理性的獲得，那就根本無法保障任何獲得是絕對的。（但是康德先生本人設想在自然狀態中只有暫時的獲得，並且因此迫切要求建立文明狀態的法律的必要性。——然而我作爲誠實的占有者，只能保護自己不受那個不能證明他比我更早成爲同一物品的誠實的占有者，而且還無意停止作爲占有者對我的侵犯。）」——這裡談的不是這個問題，而是我作爲財產所有者是否能保住自己的地位，倘若同時有一個人提出，他是那個東西的從前的眞正所有者，而這個人作爲占有者的存在和他的占有情況絕對無法查考。如果後者根本未曾發出對公眾來說是有效的、他連續不斷占有的信號（不管是否他自己的過錯），例如登記註冊，或者作爲財產所有人在公民大會上表示自己占有該物，又未遭他人反對，就證明是無法調查了。

因爲這裡的問題是：誰應該證明他的合法獲得？不能把這個責任加諸現在的占有人，因爲他占有著那個東西，只要已查明有足夠的歷史證明材料就可以了。那位據說是從前的物主，由於在一段時間內沒有發出對公民來說是有效的、他的所有權的信號，根據權利的原則，他已經完全與隨後的占有者分割開來。由於他沒有採取爲公眾所接受的占有行動，他就成爲一個無權提出要求的人。（相反地，正如在神學方面，這就叫做：保存自身就是不斷的創造。）即使有一個人迄今未提出過要求而後又帶著找到的文件來提出要求，那麼在這個人的身上仍然會引起人們的懷疑：是否還會出現一個年紀更大的人提出同樣的要求，而且他的要求是建立在更早的占有之上的。——想最終達到因時效而占有一物，重要的關鍵不是占有時間之長短。因爲，假定由於不義（無權利）的持續很長，不義（無權利）就會變成公正（權利），那是荒唐的，使用（還要長期使用）是以對一物的權利爲前提的；相反地，認爲權利應該建立在使用之上就大錯特錯了。因此，通過長期使用一物作爲獲得的憑時效的占有是一個自相矛盾的概念。權利失效作爲保持的方式也同樣是一個自相矛盾的概念，但它是一個與前一個概念不同的概念，它指的是攫爲己有的論據，也就是一個消極的理由，即完全沒有使用他的權利，甚至連表示一下他是占有人這樣必要的手續也沒有，這就被認爲是放棄該物。權利失效是一種法律行動，也就是對另一個人使用自己的權利，以排除這個人的權益去獲得這個人的東西，這本身包含著矛盾。

這也就是說，我在沒有證明，沒有採取任何法律行動的情況下獲得某物，我無須證明，而是通過法律，那該怎麼辦呢？我不能提出證明，我的權利是建立在不間斷的占有之上的，這樣，在公眾前面就解除了別人的權益要求，即法律上保障我的占有。然而在自然狀態中，一切獲得都只是暫時的，這對占有已經獲得物的安全問題並無影響，這個問題必然發生在獲得之前。

七、論繼承

關於繼承權利，這回評論員先生的敏銳目光並沒有擊中我的論斷的論證神經。——我說的不是：「任何人都必然會接受提供給他的東西，如果他接受那個東西只會有所得，不會有所失。」（因爲這樣的東西根本不存在）而是說，任何人確實總會在這樣一個時刻不可避免地和默默地，然而也是有效地接受提供的權利：即在事物的本質決定絕對無法撤銷立約的時刻——在他死亡的一刻。因爲這時候立約人不能撤銷他所立的約，而受約人不得採取任何法律行動，在同一時刻成爲接受者，他不是允諾的遺物的接受者，而是權利的接受者，即可以接受遺物或拒絕接受遺物的權利的接受者。在這個時刻，當遺囑啓封之時，他發現自己在接受遺產之前就變得比以前富有了，因爲他只獲得了接受的資格，而這種資格就已經是一種財富的狀態了——在這裡，如果要把一些東西，在自己不在世時變爲另一個人的東西，其前提條件是文明狀態。這種財產的過渡——由死者手中——絲毫沒有改變根據自然法的普遍原則去獲得（財富）的各種可能性，即使應用這些原則到前面那個案例中，也必須以一部公民的憲法（文明狀態）爲基礎——我可以自由選擇，無條件地接受或拒絕一件東西，這件東西就叫做：許諾之物。如果物主要無償給我一些東西（答應它應該是我的），比如，我正在搬出的房子裡的一件傢俱，只要他沒有撤銷承諾（倘若他在這期間亡故就不可能撤回諾言），那麼只有我有權利去接受所答應的東西。也就是說，只有我可以接受它或拒絕它，而且隨我的便：我獲得這種獨一無二的選擇權利，並不是通過特別的法律行動來聲明我應有這個權利，而是沒有採取法律行動。——因此，雖然我可以聲明，依我意，這個東西不應該屬於我的（因爲這種接受會給我帶來與他人交惡的不快），但是我不能不要這種獨一無二的選擇——是否應屬於我或不應屬於我。因爲這個權利（接受或拒絕的權利）不是通過我聲明才享有的，而是直接由他人提供而得到的，因爲如果我甚至能拒絕享有選擇權，那麼我會選擇：不去進行選擇，這是矛盾的。遺贈者死亡的那一刻，這個選擇的權利就轉讓給我了。通過他的遺囑我雖然還沒有獲得遺贈者的任何財產，然而卻獲得對這些財產或部分財產的純法律的（理性的）占有。此時我可以接受財產再轉贈他人，這樣，這種占有就沒有中斷的時刻，而是這種合法繼承作爲持續不斷的延續，通過繼承人的接受，由死者過渡到被確定的繼承者，因此，這個命題是毋庸置疑的：遺囑屬於自然法。

八、論國家為臣民設立永久性基金會的權利

捐助基金會是一種自願設立的慈善機構，它經國家批准，連續不斷地對國家的某些成員進行資助，直至他們死亡。——如果它的規章制度與國家的憲法能保持一致，它就是永久性的（因爲國家永遠需要有威望）；然而，它的慈善活動的目的或者是爲了整個人民，或者是爲了按照某些特別的原則達成一致的人民的一部分，一個階層，一個家庭，爲了他們的子孫後代以至無窮。第一種類型，比如說慈善收養院；第二種類型，如教會；第三種類型是勳章（宗教的和世俗的）；第四種類型是長子繼承權。

關於這些社團及其權利的繼承，人們現在說，它們是不能取消的，因爲那是通過遺囑變成被確立的繼承人財產的，而取消這種狀態就等於剝奪了某人的財產。

（一）

爲窮人、殘疾人和病人而設立的慈善機構是建立在國家財富基礎之上的（如捐助基金會和收容院），當然不會被取消。但是，倘若不是按字義，而是捐贈人意志的意義占有優先地位的話，那麼也可能出現某些時候，（至少在形式上）取消這種捐助基金會是可取的。——因此，人們發現過，如果給窮人和病人（瘋人院除外）以一定數量的錢（依時間的需要按比例分配），把他安排到他樂意去的地方，例如他的親戚和其他熟人那兒，他可能會受到比在收容院更好、更舒適的照料——例如，比在格列因維希收容院好一些。此類收容院陳設豪華，然而人們的自由卻極受限制，又配備有薪資高昂的人員。——這樣做了，人們不會說，國家奪走了那些享受捐助救濟的人的東西，而是國家採取更聰明的手段來保護這些人，更加關心他們。

（二）

僧侶（天主教僧侶）在肉體上不能傳宗接代，他們依仗國家的支援，占有一些土地和這些土地上的臣民。他們屬於一個精神國家（稱爲教會），世俗爲了醫治他們的靈魂，通過饋贈，把他們自己作爲財產獻給了這個國家，因此，教士作爲一個特別的等級，擁有一份財產，這些財產可以一個時代一個時代地繼承下去，並通過教皇訓諭充分記錄在案。——人們可以設想，由於世俗國家的充分權力（這也是一種教士與俗人的關係），恰恰可以奪取教士的利益，這就等於用暴力奪走某人的遺產，猶如法蘭西共和國（French Republic）的無信仰者企圖做的那樣。

這裡的問題是：教會是否可以作爲財產屬於國家，或者國家作爲財產屬於教會，因爲兩個最高權力不可能不無齟齬地互相隸屬。——只有前一種憲法本身能長久存在，這本身是清楚的：因爲整個文明憲法是產生於這個世俗世界的，它是地上的（人的）權力，而這種權力連同它的後果都可以在經驗中加以記載。信教人的王國在天上，在來世，只要人們把他們置於世俗的憲法之下，他們就不得不在世人的最高權力下，屈從於這個時代的苦難。——因此，只存在著前一種憲法。

在現象中，宗教作爲信仰教會的章程和牧師的權力，作爲這樣一種憲法治理下的貴族，哪怕這種憲法是君主制的（教皇制的），它既不能強加給人民以任何國家公民的權力，也不能剝奪他們的公民權力，更不能由於宮廷裡信仰不同的宗教，而把公民排除在國家的公務之外，不讓他們享有能使自己壯大的益處（如同在大不列顛的愛爾蘭民族的情況一樣）。

有些正直而虔誠的人，他們爲了分享教會許諾給它的信徒們在他們死後的恩惠，設立一個永久性的捐贈基金，在他們身後捐贈的某些土地成爲教會的財產，而國家將這一部分或那一部分，或者甚至全部，授予教會對采地者的保護義務，讓教會專司此職的僕役（神職人員），通過祈禱、赦罪、懺悔，許願他們在來世能交好運。如果這樣，[10]那麼這樣一種據說是永久性捐贈基金會就根本不可能解釋爲永久性的，而是國家可以甩掉這種教會強加給它的負擔，如果它想這樣做的話。——因爲教會本身是一個僅僅建立在信仰基礎上的機構，而如果由於人民得到啓蒙，這種見解所產生的欺騙性消失，那麼建立在此基礎之上的教士的可怖的權力也將完蛋，而國家完全有權控制教會的非分財產：即通過饋贈捐獻給它的土地；迄今生存在這個機構采地上的主人有權要求在他們有生之年不受損失。

即使爲窮人設立的慈善基金會或者學校，一旦它們具有由捐贈人按照自己的觀念所草擬的安排，也不可能建立在永久的基礎上，土地也會因此引起一些麻煩，而國家必須享有自由，可按時代的要求建立它們。——這種觀念的全面實現難以持久（例如，赤貧的窮漢不得不通過討乞賣唱，來補充已經建立的慈善學校基金的不足），這一點誰也不用驚訝。——因爲那個助人爲樂又令人敬畏地建立一個基金會的人，並不想讓另一個人按照自己的概念去改變基金會，而是想讓他自己在基金會裡永垂不朽。但是這改變不了事情的本來面目和國家的權利，甚至可以說改變不了國家可以改變一切基金會的義務，如果基金會與國家的維持和進步相悖的話。因此，這樣一種捐贈基金會永遠不能被看作是建立在永久的基礎之上的。

（三）

一個國家的貴族，即使不是處在貴族的制度下，而是處在君主的憲法下，可能總還是一個在某一時代是允許的、依情況看是必要的法理概念；但是根本不能認爲這個階層是可以建立在永久的基礎之上的，根本不能認爲一個國家元首不應有資格澈底廢除這個階層的特權，或者，如果他這樣做了，就可以說，他剝奪了他的（貴族）臣民因繼承而得到的財產。貴族是一個有時間性的、國家授權的行幫性組織，它必須適應時代的情況，不許侵害人權——這種人權已被中止很長時間了。——因爲國家裡的貴族等級不僅依賴憲法本身，而且僅僅是憲法的附屬物，只有通過國家的固有本質才能賴以生存（一個貴族只能存在於國家裡，不能設想在自然狀態中有貴族）。如果國家改變其憲法，那麼誰要因此而喪失銜頭和特權，不能說他的財產被剝奪，因爲他只能在這個國體持續存在的條件下才能把銜頭和特權稱作「他的」：國家有權改良國體（例如變爲共和制度）。——因此，動章和可以佩帶某些徽號的特權，並沒有給持有者以永恆的權利。

（四）

最後，關於長子繼承權，由於土地所有者通過確認的繼承規定，在一系列繼承者中總是由家庭裡最親近的一人成爲（以後的）土地的主人（與一個國家的君主世襲制一樣，那裡繼承的是一國之主），因此，不僅在所有父系男性親屬同意下隨時可以取消這種權利。這種權利不許建立在永久之上——好像繼承權黏貼在土地上一樣——永世長存，也不能說，這是違反祖先的，即違反設立這種權利的人的權利，和違反他要求履行這種權利的意志，而是在這裡，國家也有權利，甚至有義務——儘管它有逐步提出的要改革的種種原因——不讓在他的臣民——像總督似的（類似於君主與總督）——中再次出現這樣一種邦聯式的制度，如果這種制度已經滅亡了。

結論

最後，評論員先生在《公共權利》（公法）的欄目裡提到一些想法，「如他所說，篇幅所限，不容許他對此多發表意見。」他就這些想法做了如下的註釋。「就我們所知，還沒有任何一位哲學家承認在所有的荒謬命題中這個最荒謬的命題：難道最高統治的純粹觀念，應該迫使我對任何站出來作爲我的主人的人，都作爲我的主人來聽從他，而不問是誰給他這種向我發號施令的權利？人們應該承認最高統治和元首，人們應該把這個和那個人──其存在甚至不曾先驗地存在過──先驗地當作他的主人，難道這是一回事？」──那好吧，就算謬論，我希望，進一步觀察，至少不能證明是異端邪說；毋寧說，這位有遠見卓識的、責人惟寬的和窮根究底的評論家（他不顧重重障礙，基本上認爲《法的形而上學原理》是科學的收穫），並不後悔，他曾至少做了一次不配進行第二次鑑定的嘗試，力排眾議，置那些膽大妄爲和淺薄無聊的議論而不顧，挺身保護這個作品。

必須服從那個對人民擁有至高無上的有立法權力的人，而且在法律上是無條件的，哪怕只是對按照他所獲得的這種權力進行公開的研究，也就是說，要是對他有所懷疑，在他背後反對他，都該受到懲罰，並認爲這是一條絕對的命令：服從當權者（首先是在所有那些不違背內心道義的事情上），他握有統治你們的權力，這是一個令人厭惡的命題，應受到否定。──然而不僅僅是這條把事實（強占）作爲權利基礎的原則，而且那個統治人民的純粹的觀念，就迫使我這個屬於人民的人，在還沒有進行研究之前，就得服從這個非分的權利（見《權利科學》第49節），這似乎激怒了這位評論家的理智。

任何事實都是在現象中（感覺）的對象，相反的，凡是只能通過純粹理性才能表述的東西，凡是必然屬於觀念的東西，都不可能相應地在經驗中存在著這類對象。同樣，一種完善的權利的憲法（法律狀態）

只能存在於人當中，這是自在之物。

如果說，有一國通過法律，在當權者統治下有聯合起來的人民，那麼他們根據整個人民的統一觀念，在當權者的最高意志下是作爲經驗的對象而存在的，誠然，只能在現象之中，這就意味著存在著一個普遍意義上的權利的憲法，雖然它有很大的缺點和嚴重的錯誤，還需要一步一步地作重要的改進，但是絕對不容許違反它，一旦違反就受到懲罰。因爲如果人民自認爲有權可以用暴力反對這個雖然尚有缺點的憲法和最高權威，那麼人民就會想入非非，認爲有權用暴力來取代那個規定包括最高權利的一切權利的立法，這將表示出一種自我破壞的最高意志。

一般地說，一部國家憲法的觀念是神聖的和不可違抗的，它同時對於每一個國家的人民來說，是依據權利（法律）概念所判斷的理性的絕對命令。即使國家機構本身犯了錯誤，國家的下級權力不得以行動反抗具有立法權力的國家元首，他所犯的罪過必須通過國家自身的改革逐步加以消除，不然的話，如果臣民有與之對立的（可以固執地擅自行事）標準，那麼一部好憲法只有由於盲目的偶然性才能產生。——「聽從擁有統治你們權力的當權者」，這個要求並沒有探究當權者是如何獲得這種權力的（而後在必要時又把它葬送掉）。因爲你們生活在這種權力之下，現存的權力已經占有立法權，關於立法，你們雖然公開表示是明智的，可是你們不會屈從於一個與自己相違抗的立法者。

在一種主權的（通過一項法律把大家聯合起來的）意志下，人民的意志（它自身不聯合，也就沒有法律）的無條件的屈從，是一種只有通過掌握最高權力才能開始的行動，而且首先要闡明一個公共的權利（公法），——如果還可以反抗這種權力的完整性（反抗限制著最高權力），這就叫做自我矛盾；如果那樣，那個最高權力（允許反抗的最高權力）就不是立法的最高權力，立法的最高權力是首先確定的，不管它對公眾是否正確——這一原則已經先驗地存在於一部國家憲法的**觀念中**，即在實踐理性的一個概念裡；雖然在經驗中沒有什麼例子可以相應地從屬於這個概念，然而作爲準則卻也沒有任何經驗會與它相違背。

◆註釋◆

【1】正文裡也譯為「權利科學」。——譯者

【2】這篇說明附錄係乙版本的補充，放在法學的第二部分之前。——康德原註

【3】我在這裡說的占有一個人（Person）不是作為我的（用形容詞die meinige）家庭成員，而是作為我的東西（用名詞das Meine）。因為我可以說：這位是我的父親。這只是一般地表示我與他的關係（連帶關係）。比如，「我有一個父親。」但我不能說：「我把他作為物占有。」然而我可以說：「我的妻子」。這意味著占有者與一個對象（哪怕是一個人）作為物權關係。但占有（物的占有）是可以控制一個作為物的東西的條件，哪怕這個東西作為物是同等對待的。另一方面，作為人卻不是平等對待的。——康德原註

【4】die Person和der Mensch，均可譯為「人」。不過前者較強調社會屬性方面的人，法律和倫理上的人，後者較多地指自然屬性方面的人。——譯者

【5】在此，可以看到康德對他所提出的「有物權性質的對人權」是何等自豪。他自以為這是對羅馬法的一大發展。事實上，他的「新發現」既非「一顆奇異的星星」，當然也不是「一顆流星」。——譯者

【6】德語中把年長者（Ältern）一詞理解為前輩（Seniores），但是把父母（die Eltern）理解為雙親（Parentes）：這在語言上不能區分，但在意義上卻差別很大。——譯者

【7】即沒有附款說明或其他可資證明的東西。——譯者

【8】任何懲罰都會（公正地）傷害被告的榮譽感，因為懲罰包含著純粹單方面的強制，因而在他的身上，在特別的情況下，至少停止了他作為一個公民的尊嚴：因為他要屈服於一種外在的義務，從他這方面卻不許抗拒這種義務。達官貴人和富有者被罰款與其說會感到錢財的損失，不如說會感到他不得不屈服於比他低賤的人的意志的屈辱。因為應受懲罰的論據是道義性的。在這裡，懲罰的公正性必須與懲罰的精明區別開來，因為後者僅僅是實用性的，是建立在什麼能最有效防止犯罪的經驗之上的，懲罰的公正性在權利的細目表上具有完全不同的位置，不是有利或是不可忍受的位置，在某種意義上，純粹正義的位置，必須在倫理學中去尋找。——康德原註

【9】此處「白閹」與「黑閹」（宮刑）係直譯，區別何在，如何進行，均未查出。——譯者

【10】這段話應為：「如果有些正直的和虔信的人，通過祈禱、赦罪和懺悔——專司此職的教會的僕役（神職人員）通過這些儀式，許願他們在來世能交好運——分享教會許諾給信徒們在他們死後的恩惠，設立一個永久性的捐贈基金會，在

他們身後把捐贈的某些土地變為教會的財產，而國家對這一部分，或那一部分，或者甚至是全部，授予教會對采地者的保護義務，那麼……」——譯者

康德生平與著作年表

年代	生平記事
一七二四年	• 四月二十二日伊曼努爾·康德誕生。
一七三二年	• 進入腓特烈中學。
一七三五年	• 弟弟約翰·海因里希誕生（一八〇〇年歿）。
一七三七年	• 母親去世（一六九七年生）。
一七四〇年	• 九月二十四日，進入哥尼斯堡大學。
一七四六年	• 父親去世（一六八二年生）。
一七四九年	• 處女作《論對活力的正確評價》。
一七五四年	• 發表兩篇文章：〈對一個問題的研究，地球是否由於自轉而發生過某種變化〉與〈關於從物理學觀點考察地球是否已經衰老的問題〉。
一七五五年	• 第一部重要著作《自然通史與天體理論》出版。 • 六月十二日，取得碩士學位，論文題目：《論火》。 • 九月二十七日，取得大學講師資格，資格論文題目：《對形而上學認識基本原理的新解釋》。
一七五六年	• 一月至四月，發表三篇關於里斯本地震的論文。 • 四月十日，答辯其《物理單子論》。

年代	生平記事
一七六二年	• 冬季，發表《四個三段論格的錯誤煩瑣》。 • 赫爾德成為康德的學生（至一七六四年）。
一七六四年	• 《論優美感與崇高感》出版。 • 〈試論大腦的疾病〉發表於《哥尼斯堡學術政治報》。 • 完成柏林科學院應徵作品：《關於自然神論與道德的原則之明晰性的研究》。
一七六六年	• 《一個視靈者的夢》出版。 • 四月，得到圖書館員的工作（至一七七二年五月）。
一七六八年	• 《論空間中方位區分的最初根據》出版。
一七七〇年	• 三月，申請哥尼斯堡大學教授職位，於三月三十一日被任命為邏輯與形而上學教授，就職論文：《論感性世界和理智世界的形式與原則》。
一七七一年	• 評莫斯卡蒂的《論動物與人之間身體上的本質區別》。
一七七六年	• 有關「德紹的泛愛學校」的評論發表於《哥尼斯堡學術政治報》。 • 上學期，成為哲學系系主任。
一七八〇年	• 成為大學評議會之永久會員（至一八〇四年）。
一七八一年	• 五月，《純粹理性批判》出版。

年代	生平記事
一七八三年	•《任何一種能夠作為科學出現的未來形而上學導論》出版。 •十二月，購置了自己的房子。
一七八四年	•十一月，〈從世界公民的觀點撰寫通史的想法〉發表於《柏林月刊》。
一七八五年	•三月，〈論月球上的火山〉發表於《柏林月刊》。 •四月，《道德形而上學基礎》出版。 •五月，〈翻印書籍之非法性〉發表於《柏林月刊》。 •十一月，〈論人種概念的確定〉發表於《柏林月刊》。
一七八六年	•一月，〈對人類歷史起源的推測〉發表於《柏林月刊》。 •復活節，《自然科學的形而上學基礎》出版。 •上學期，首次擔任哥尼斯堡大學校長。 •十月，〈何謂在思維中確定方向〉發表於《柏林月刊》。 •十二月七日，成為柏林科學院的外聘會員。 •施密德《康德純粹理性批判選粹》出版。
一七八七年	•《純粹理性批判》再版。

年代	生平記事
一七八八年	•《實踐理性批判》出版。 •一月，〈論目的論原理的哲學意義〉發表於《德意志水星報》。 •第二次擔任校長。
一七八九年	•法國革命爆發。 •首次出現無法長時間集中精神研究的困難。
一七九〇年	•《判斷力批判》出版。 •〈論所謂一切新的純粹理性批判因舊理論而為多餘的發現〉，於文中批判埃伯哈特。 •〈論狂熱主義及其治療方帖〉發表於博羅夫斯基的《卡廖斯特羅》。
一七九一年	•九月，〈論一切辯神論哲學嘗試的失敗〉發表於《柏林月刊》。
一七九二年	•四月，〈論人性裡的根本惡〉發表於《柏林月刊》。 •六月十四日，〈論善惡原理宰治人類之戰〉一文送審被駁回（預定在《柏林月刊》中刊載）。 •復活節，《僅論理性界限內的宗教》出版。 •九月，〈論諺語：理論正確，實踐無方〉發表於《柏林月刊》。

年代	生平記事
一七九四年	• 《僅論理性界限內的宗教》再版。 • 國王斷然禁止「新邏輯主義者」。 • 五月，〈月球對氣候之影響〉發表於《柏林月刊》。 • 六月，〈一切事物之終結〉發表於《柏林月刊》。 • 七月，成為聖彼德堡科學院成員。 • 十月一日，受到國王申斥，並於十月十二日對國王答辯。
一七九五年	• 《永久和平論》出版。
一七九六年	• 《永久和平論》再版。 • 五月，〈哲學界最高貴的聲音〉發表於《柏林月刊》。 • 七月二十三日，最後一次授課。 • 十月，〈解決一個因誤解而起的數學爭議〉發表於《柏林月刊》。
一七九七年	• 《法的形而上學原理》出版。 • 六月十四日，哥尼斯堡的學生慶祝康德寫作生涯五十周年。 • 《德行學的形而上學原理》出版。 • 〈論謂以博愛為理由而說謊的權利〉發表於《柏林月刊》。

年代	生平記事
一七九八年	•《學科的爭論》出版。 •《實用觀點下的人類學》出版。
一七九九年	•八月，公開聲明反駁費希特。 •最後一次發表作品。
一八〇〇年	•《邏輯學》出版。
一八〇一年	•十一月十四日，最後一次正式的發言。
一八〇二年	•《自然地理學》出版。
一八〇三年	•《論教育》出版。
一八〇四年	•二月十二日，因衰竭而病逝，安葬於哥尼斯堡大教堂。 •謝林《康德追憶》。

中英對照表

英文

J．拉迪（John Ladd）

二劃

人（der Mensch）

三劃

大不列顛（Great Britain）

四劃

牛頓（Newton）
天賦的權利（Innate Right）
文明的權利（Civil Right）
允許法則（Permissive Law）
巴爾默里諾（Balmerino）
公民的法律（bürger liche Gesetze）

五劃

《正義的形而上學原理》（*The Metaphysical Elements of Justice*）
尼古拉先生（Christoph Friedrich Nicolai）
《本體論》（*Ontologia*）
《永久和平論》（*Perpetual Peace*）
印地安人（Indians）
甘蔗島（Sugar Island）

六劃

《西方名著大全》（*Great Books of the Western World*）
西塞羅（Marcus Tullius Cicero）
《自然科學的形而上學原則》（*Metaphysical Foundations of Natural Science*）
自然權利（Natural Right）
伊比鳩魯（Epicurus）

七劃

《判斷力的批判》（*Critique of Judgement*）
良心的法庭（Court of Conscience）
社會的權利（Social Right）

貝加利亞侯爵（Marquis Beccaria）

君主制（Monarchy）

沃爾夫（Christian Wolff）

沙夫茨伯里（Shaftesbury）

八劃

法（Recht）

《法的形而上學原理》（*Metaphysische Anfangsgründe der Rechtslehre*）

〈法律上的不法與超越法律的法〉（Gesetzliches Unrecht und übergesetztliches Recht）

《法律哲學》（*The Philosophy of Law*）

法理學（Jurisprudence）

法利賽人（Pharisees）

法蘭西共和國（French Republic）

法則（Gesetze）

孟德斯鳩（Montesquieu）

亞亨瓦爾（Achenwall）

亞當・史密斯（Adam Smith）

拉德布魯赫（Gustav Radbruch）

拉瓦節（Antoine-Laurent de Lavoisier）

九劃

柏拉圖（Plato）

查理一世（Charles I）

《耶路撒冷》（*Jerusalem*）

約翰・布朗（John Brown）

十劃

《純粹理性批判》（*Kritik der reinen Vernunft*）

烏爾比安（Ulpian）

馬庫特斯（Makutes）

馬斯頓聖書（Marsden）

海牙（Hague）

《哥廷根雜誌》（*Göttingen*）

十一劃

康德（Kant）

莫里斯（Morris）

《偉大的法哲學家》（*The Great Legal Philosophers*）

通古斯人（Tungusi）

畢聲（Anton Friedrich Busching）

唯心主義者（Idealist）

十二劃

黑斯蒂（Hastie）

黑格爾（Hegel）

黑奴（Negro）

《善德的哲學原理》（*The Doctrine of Virtue*）

費德拉斯（Phaedrus）

凱厄斯（Caius）

斯圖亞特王朝（the house of Stuart）

十三劃

《道德形而上學》（*Die Metaphysik der Sitten*）

《道德形上學基礎》（*Grundlegung zur Metaphysik der Sitten*）

道德論（Sittenlehre; Lehre der Sittlichkeit）

路易十六（Louis XVI）

新荷蘭特族人（New Hollanders）

蒂希厄斯（Titius）

雷簡人（Rejangs）

愛爾蘭（Ireland）

十四劃

《實踐理性批判》（*Critique of Practical Reason*）

豪森（Christian August Hausen）

實在法（Positive Law）

《圖賓根》（*Tübingen*）

緊急避難（Necessity）

十五劃

《數學原理》（*Elementa Matheseos*）

德行學（Tugendlehre）

摩西・孟德爾松（Moses Mendelssohn）

十六劃

盧梭（Rousseau）

衡平法（Equity）

霍屯督族人（Hottentots）

十七劃

獲得的權利（Acquired Right）

十八劃

《雜文集》（*Vermischte Schriften*）

十九劃

羅馬人（Roman）

二十劃

蘇格蘭人（Scots）

二十二劃

《權利的科學》（*The Science of Right*）

經典名著文庫045

法的形而上學原理：權利的科學

作　　者 —— 伊曼努爾．康德（Immanuel Kant）
譯　　者 —— 沈叔平
發 行 人 —— 楊榮川
總 經 理 —— 楊士清
總 編 輯 —— 楊秀麗
文庫策劃 —— 楊榮川
副總編輯 —— 劉靜芬
責任編輯 —— 蔡琇雀、黃麗玟、呂伊眞
封面設計 —— 姚孝慈
著者繪像 —— 莊河源
出 版 者 —— 五南圖書出版股份有限公司
地　　址 —— 台北市大安區 106 和平東路二段 339 號 4 樓
電　　話 —— 02-27055066（代表號）
傳　　眞 —— 02-27066100
劃撥帳號 —— 01068953
戶　　名 —— 五南圖書出版股份有限公司
網　　址 —— https://www.wunan.com.tw
電子郵件 —— wunan@wunan.com.tw
法律顧問 —— 林勝安律師
出版日期 —— 2019 年 4 月初版一刷
　　　　　　2024 年 2 月初版二刷
定　　價 —— 360 元

國家圖書館出版品預行編目資料

法的形而上學原理：權利的科學 / 伊曼努爾．康德 (Immanuel Kant) 著；沈叔平譯 . -- 初版 -- 臺北市：五南，2019.04
面；公分 . --（經典名著文庫；45）
譯自：Metaphysische Anfangsgründe der Rechtslehre
ISBN 978-957-763-227-2(平裝)

1. 法律哲學

580.1　　107023017